**Forschungsschwerpunkt Moderner Orient**
Förderungsgesellschaft Wissenschaftliche Neuvorhaben mbH

Naturaneignung in Afrika als sozialer und symbolischer Prozeß

■ Herausgegeben von
Ute Luig und Achim von Oppen

Arbeitshefte 10

Verlag Das Arabische Buch

Die Deutsche Bibliothek - CIP-Einheitsaufnahme

Ute Luig/Achim von Oppen (Hg.):
Naturaneignung in Afrika als sozialer und symbolischer Prozeß
Ute Luig - Berlin: Das Arabische Buch, 1995
 (Arbeitshefte / Forschungsschwerpunkt Moderner Orient,
 Förderungsgesellschaft Wissenschaftliche Neuvorhaben mbH; Nr. 10)
 ISBN 3-86093-093-1
NE: Förderungsgesellschaft
Wissenschaftliche Neuvorhaben <München> /
Forschungsschwerpunkt Moderner Orient: Arbeitshefte

Forschungsschwerpunkt Moderner Orient
Förderungsgesellschaft Wissenschaftliche Neuvorhaben mbH

Kommissarischer Leiter:
Prof. Dr. Peter Heine

Prenzlauer Promenade 149-152
13189 Berlin
Tel. 030 / 4797319

ISBN 3-86093-093-1
ARBEITSHEFTE

Bestellungen:
Das Arabische Buch
Horstweg 2
14059 Berlin
Tel. 030 / 3228523

Redaktion und Satz: Margret Liepach, Helga Reher

Druck: Druckerei Weinert, Berlin
Printed in Germany 1995

Inhalt

Ute Luig/Achim von Oppen: Einleitung: Zur Vergesellschaftung von Natur in Afrika — 5

Ute Luig: Naturaneignung als symbolischer Prozeß in afrikanischen Gesellschaften — 29

Georg Klute: Wo liegt Gottes Segen? Natur und Arbeit bei Nomaden der Sahara — 51

Friedhelm Streiffeler: Verständnis von Landwirtschaft und ihren Bedingungen in Abhängigkeit von der ethnischen Geschichte. Ein Vergleich zwischen den Yira (Nande) und den Komo in Ost-Zaire — 65

Lazare M. Séhouéto: "Lokales" Wissen und bäuerliche Naturaneignung in Benin — 83

Thomas Krings: Agrarwirtschaft im Sahel-Sudan - Hungerwirtschaft oder Agrarkultur? — 95

Autoren/innen

Dr. *Georg Klute*, Fachbereich 1, Universität - Gesamthochschule Siegen

Prof. Dr. *Thomas Krings*, Institut für Kulturgeographie, Albert-Ludwigs-Universität Freiburg

Prof. Dr. *Ute Luig*, Institut für Ethnologie, Freie Universität Berlin

Dr. *Achim von Oppen*, Forschungsschwerpunkt Moderner Orient, Förderungsgesellschaft Wissenschaftliche Neuvorhaben mbH, Berlin

Cand. phil. *Lazare M. Séhouéto*, Institut für Ethnologie, Freie Universität Berlin; Cotonou, Benin

Prof. Dr. *Friedhelm Streiffeler*, Institut für Agrarpolitik, Marktlehre und Agrarentwicklung, Humboldt-Universität zu Berlin

Einleitung: Zur Vergesellschaftung von Natur in Afrika

Ute Luig und Achim von Oppen

Unsere Kenntnisse über Naturvorstellungen in Afrika sind trotz jahrhundertelangen Kontakts mit afrikanischen Gesellschaften noch immer recht undifferenziert. Hierzulande drängen sich beim Nachdenken über die Natur dieses Kontinents Bilder von Wildheit und Ungezähmtheit auf: endlose Steppen, riesige Elefantenherden, Urwälder. Geprägt wurden diese Bilder durch Abenteuer- und Entdeckungsromane aus Kinder- und Jugendtagen, durch populäre Fernsehsendungen wie *Serengeti darf nicht sterben*, und durch die Hochglanzbroschüren der Safariunternehmen. Prächtige Bildbände über edle Wilde, seien es nun herausgeputzte Massaikrieger oder die "letzten Buschmänner" von Laurens van der Post, tun ein übriges. Afrikanische Natur erscheint hier als Exotik, als das Archaische schlechthin, als Faszinosum einer Gegenwelt. Eher widerwillig nehmen wir andere Bilder afrikanischer Natur wahr, wie die fast allgegenwärtige Berichterstattung über Dürren, Hungerkrisen, Aids und Tod. Aber so realistisch diese Metaphern von Gefahr und Verfall, Faszination und Tod auch sind: über die emischen Hintergründe im Umgang mit Natur geben auch sie keine Auskunft. Es war daher das Interesse, mehr über Naturvorstellungen aus der Sicht afrikanischer Völker zu erfahren und einen Naturbegriff zu entwickeln, der deren vielfältige Dimensionen berücksichtigt, das uns zur Konzeption dieses kleinen Bandes anregte.

Bei der Ringvorlesung an der Freien Universität Berlin, aus der die hier vorgestellten Beiträge hervorgegangen sind, ging es um die Verknüpfung der historischen und symbolischen Dimensionen von Naturaneignung, die sich unter wechselnden sozialen und politischen Beziehungen vollzieht und zugleich auch moralische und ästhetische Werte ausdrückt. Dabei beschränkten wir uns aus pragmatischen Gründen auf ein eher konventionelles Verständnis von Natur als "Umwelt". Ausgeklammert blieben dadurch die spannenden neueren Diskussionen um die "innere Natur" der Menschen, etwa im Zusammenhang der Debatten über natürliche und technologische Reproduktionsbedingungen (vgl. Strathern 1992), über die Anthropologie des Körpers (vgl. Jacobson-Widding 1991, Csordas 1994) und über den gesamten Bereich der Naturmedizin, die auch in bezug auf Afrika geführt werden (vgl. Lindenbaum/Lock 1993, Pool 1994).

Die bewußte Einengung auf Natur als "Umwelt" bedeutet allerdings nicht, daß wir sie nur als Überlebensressource oder, wie Marx es formuliert hat, als natürliches Laboratorium der Menschen begreifen. Gegen diesen naturalistischen Reduktionismus setzen wir bewußt eine kulturanthropologische Interpretation von Natur, die die interkulturell unterschiedlichen Prozesse der *Vergesellschaftung von Natur* problematisiert. Wir schließen uns damit dem Programm von Moscovici (1982) und Eder (1988) an, die zwischen der "Naturalisierung der Gesellschaft" und der "Vergesellschaftung von Natur" im sozialwissenschaftlichen Diskurs unterscheiden.[1] Während mit der "Naturalisierung der Gesellschaft" primär ein Herrschaftsverhältnis zwischen Gesellschaft und Natur postuliert wird, drückt der Begriff der Vergesellschaftung das Bemühen aus, "die spezifisch *kulturelle* Form der gesellschaftlichen Aneignung der Natur" zu rekonstruieren (Eder 1988: 29, seine Hervorhebung). Diese Interpretation von Natur basiert auf der grundlegenden These, daß Natur nichts *objektiv Gegebenes*, sondern ein kulturelles Konstrukt ist, das historisch vermittelt wird und beständigen Veränderungen unterliegt. Diese Auffassung, die den folgenden Beiträgen in jeweils verschiedener Lesart zugrunde liegt, soll in dieser Einleitung genauer entfaltet werden.

Die Wildnis als Parallel- und Gegenwelt

Die existentielle Bedeutung der Natur als Lebensraum menschlicher Vergesellschaftung und als wichtigste Ressource des Überlebens war in allen Gesellschaften Gegenstand menschlichen Philosophierens. Ursprungsmythen, Sagen und die religiöse Konstruktion von Weltbildern behandeln dieses Thema ebenso wie die griechische Naturphilosophie oder moderne Abhandlungen zur Ökologie. Dies bedeutet allerdings nicht, daß Natur ein universaler Begriff ist. In den meisten afrikanischen Sprachen existiert z.B. kein allgemeines Wort für Natur; stattdessen wird zwischen der von Menschen bewohnten Welt (dem Dorf) und der unbewohnten Welt der Wildnis (vgl. Behrend 1987, Fardon 1990) unterschieden. Obwohl diese Dichotomisierung weit verbreitet und Grundlage unserer Unterscheidung von Natur und Kultur ist, gibt es auch differenziertere Vorstellungen, in denen die Wildnis nur der Endpunkt unterschiedlich genutzter Zwischenräume ist. Ein Beispiel sind die Fang in Gabon, die sowohl den Raum zwischen Dorf, Gärten/Feldern und Wald als auch verschiedene Zonen im Wald (Busch, lichter Wald, dichter Wald, Wildnis) unterscheiden (Fernandez 1982: 106ff). Je weiter entfernt ein Territorium vom Dorf ist, um so gefährlicher wird es für die Menschen (Beidelmann 1986: 41) In den meisten[2] Gesellschaften bildet die Wildnis deshalb den Gegenpol zum Dorf, ein Symbol für das Nicht-Domestizierte, Nicht-Kontrollierbare, Chaotische (vgl. McCaskie 1992). Sie ist konkrete Materie und zugleich Verkörperung "übernatürlicher" Mächte. Sie ist synonym mit Fruchtbarkeit und Wissen (van Beek und Banga 1992), Wohlergehen und Freiheit (vgl. Riesman 1977), aber auch Bedrohung und Gefahr (Behrend 1987, Fardon 1990).

Konkret kann die Wildnis im emischen Verständnis afrikanischer Gesellschaften durch vielerlei Erscheinungen repräsentiert werden, als Wald, Busch, Grasland oder in neuerer Zeit auch als Stadt (vgl. Klute in diesem Band, Behrend 1992: 76), und sie ist in den in ihr lebenden Tieren und Pflanzen präsent. Auffallend ist ihre geschlechtliche Zuschreibung. Häufig konträr zur matri- oder patrilinearen Verwandtschaftsordnung kann sie sowohl weiblich als auch männlich sein.[3] Die Orte der Wildnis werden traditionell als Sitz von Geistern und Göttern, aber auch als Versammlungsplatz der Hexen angesehen. Sie bilden eine Parallel- und Gegenwelt zu der der Menschen. Die Parallele ergibt sich aus den anthropomorphen Eigenschaften, die man den Mächten der Wildnis zuschreibt: Sie sind nicht nur durch menschliche Bedürfnisse, Leidenschaften und Schwächen gekennzeichnet, sondern unterliegen auch menschlichen Moralvorstellungen. Als Gegenwelt entpuppt sich diese Welt sehr häufig, weil ihre Protagonisten sich konträr zu den menschlichen Normen verhalten. So haben die Geister in vielen Gesellschaften eine Vorliebe für die Nacht, sie verachten Lärm, haben lange Haare (als Zeichen von Unkontrolliertheit), rückwärtsgewandte Füße oder sind gar nur einarmig und einbeinig (vgl. Douglas 1963, Rattray 1927, Beidelman 1986).

Die Wildnis repräsentiert also ebenso wie ihre Bewohner keine homogene Einheit, die man essentialistisch beschreiben könnte, sondern sie ist ein Ort voller Ambivalenzen, Ambiguitäten und Widersprüche. Afrikanische Gesellschaften konstruieren ihre Vorstellungen über die Wildnis nach verschiedenen Kriterien. Räumliche Untergliederungen, die oft durch religiöse Gesichtspunkte bestimmt werden, verknüpfen sich dabei häufig mit moralischen Überlegungen und Urteilen. Berge, Felsen, Bäume, Flüsse und Seen gelten als Markierungen in der Landschaft, die den Menschen sowohl Orientierungshilfe geben (vgl. Schlee 1992) als auch Erkennungszeichen ihrer moralischen Topographie sind, die eingeschrieben ist in die Vielfalt natürlich vorgefundener[4] oder von Menschen konstruierter Schreine. Sie transformieren die Wildnis in Orte der Erinnerung, der Konfrontation und der Verehrung. Sie heben ihre Undifferenziertheit auf, indem sie ihr durch einen Akt der Namensgebung oder der Erinnerung eine neue Identität geben.

Von Bäumen, Tieren und Menschen

Trotz der unterschiedlichen Konstruktion dieser moralischen Topographien liegt ihnen allen die Vorstellung zugrunde, daß zwischen den Mächten der Wildnis und den Menschen dauernde Kommunikations- und Austauschbeziehungen bestehen. Neben den Geistern und Fabelwesen[5] können dies auch Bäume oder Tiere tun. Den Bäumen werden in den Ländern des Sahels so anthropomorphe Eigenschaften[6] zugestanden wie die Suche nach Liebe und

Anerkennung oder das Abreagieren von Aggressionen. Man glaubt von den Bäumen, daß sie direkten Kontakt mit den Menschen suchen, indem sie, als Personen verkleidet, auf den Dorffesten und an Markttagen mit Frauen sexuelle Beziehungen knüpfen, die zu Scheinschwangerschaften führen oder Krankheiten auslösen können. Ihre Aggressionen zeigen sie auch darin, daß sie nachts umherwandern[7] und den Menschen die Nahrung verderben oder Vorübergehende bespucken. Noch schlimmer ist jedoch, wenn sie den Sturz eines Menschen (vom Baum) verursachen, da dies zu den "schlimmen Todesarten" zählt, weshalb "den Toten eine ordnungsgemäße Beerdigung versagt wird" (Ritz-Müller 1993: 166). Um solcher Art Aggressionen vorzubeugen, ist es hilfreich, sich die Bäume gewogen zu machen, indem man ihnen ein neues "Gewand" in Form von weißen Binden umlegt, ihnen Tieropfer oder ein Ei bringt.

Alte Bäume werden wie Menschen oder gar Ahnen behandelt und genießen deshalb besonderen Respekt (Schmidt 1994). Soll ein Baum gefällt oder der Busch gerodet werden, muß man die davon betroffenen Bäume um Erlaubnis bitten und ihnen in der Regel ebenfalls ein Opfer bringen (vgl. Luig 1986). Falls dies nicht geschieht, ahnden die Bäume dies durch Krankheit oder anderes Unheil.[8] Obwohl sie die Menschen vornehmlich dann bestrafen, wenn sie ihnen Schaden zugefügt haben, unterscheiden die Mossi und Bisa zwischen guten und böswilligen Bäumen. Die letzteren greifen auch ohne Ursachen an, und zwar nicht nur Menschen, sondern auch andere Bäume. In einem solchen gravierenden Fall entschließt man sich, den Störenfried zu beseitigen.

Vergleichbares Verhalten gilt auch für die Tiere im Busch oder Wald, die in fast allen afrikanischen Gesellschaften von den Tieren im Dorf oder Haus unterschieden werden (vgl. Douglas 1975). Von den Tieren der Wildnis nimmt man an, daß sie bestimmte Geister verkörpern oder selbst über spirituelle Macht verfügen, die sie zum Wohle oder Schaden der Menschen einsetzen können.[9] Wie aktuell der Glaube an die Allianz mit den Tieren ist, geht aus den Beschreibungen ehemaliger Guerillakämpfer in Zimbabwe (vgl. Lan 1985) sowie in Kenya und Uganda (Behrend 1993) hervor. Die Tiere des Buschs, wie etwa Adler oder Schlangen, warnten die Soldaten vor dem Gegner und unterstützten sie auch gegen ihre Feinde, indem sie diese angriffen. Besonders erfolgreich waren in dieser Hinsicht Bienen, die von den Soldaten der *Holy Spirit Mobile Forces* der Alice Lakwena im Kampf gegen die ugandischen Regierungstruppen eingesetzt wurden. Dem Bündnis mit den Tieren, an dem auch 140 000 Geister teilnahmen (Behrend 1993: 74), lag die Vorstellung zugrunde, daß die Tiere kraft ihres überlegenen Wissens die Zukunft der Menschen kennen und über ihr weiteres Schicksal Bescheid wissen. Dieser Überlegenheit der Tiere versichern sich die Menschen auch in Friedenszeiten, indem sie sie als Orakel "befragen". Insbesondere Hühner werden zu diesem Zweck getötet (vgl. Evans-Pritchard 1937), da man aus der Farbe ihrer Innereien oder aus ihrem Fall auf die linke oder rechte Seite Antworten auf alternativ formulierte Fragen erhält.

Diese Fähigkeiten der Tiere bestärken die Menschen in ihrer Ambiguität gegenüber der Wildnis, die sich in der weit verbreiteten Überzeugung ausdrückt, daß man im Busch nie sicher sein kann, "daß ein Wesen tatsächlich das ist, für was es sich ausgibt" (Ritz-Müller 1993: 168). Wie die Bäume, so können sich auch Tiere in Menschen verwandeln; Menschen wiederum in Tiere oder Tiere in Geister, wie die sog. *spirit animals*. Diese spielen vor allem in Zentral- und Südafrika eine große Rolle, da sie in Gestalt von Schlangen, Hyänen und Krokodilen Menschen verschleppen, verletzen oder auch für ihre menschlichen Auftraggeber töten.

Natur und Gesellschaft durchdringen einander derart, daß der Zustand der Natur immer vom Zustand der Gesellschaft abhängig ist. Dürre, Hungerkatastrophen, Epidemien werden daher nie nur durch natürliche Ursachen erklärt, sondern auf das Fehlverhalten von Menschen zurückgeführt. Tabubrüche wie Inzest, Mord, Vergehen gegen die Ordnung der Ahnen, aber auch Unfriede und Streit im Dorf lösen Naturkatastropen aus, lassen den Regen versiegen, die Ernte auf den Halmen vertrocknen, die Jagd erfolglos sein. Die Fruchtbarkeit des Landes wie der Menschen wird als Geschenk übernatürlicher Mächte gewertet, das mit gesellschaftlichem Wohlverhalten gegenüber den Ahnen oder den Geistern (Göttern) "erkauft" werden muß. Die Kontinuität der gesellschaftlichen Reproduktion beruht daher auf der Einhaltung der Moral, dem Respekt vor den Traditionen und dem Aufrechterhalten der legitimen Ordnung. In vielen Gesellschaften sind dafür Frauen verantwortlich, die sowohl Hüterinnen als auch Erfinderinnen von Traditionen sind, indem sie über gesellschaftliche Innovationen entscheiden und diese kontrollieren. In dieser Konstruktion von Natur als Parallelwelt[10] zur menschlichen Gesellschaft wird die enge Verknüpfung von Kosmologie, Moral und sozialem Handeln deutlich, wodurch zugleich Eders These (1988: 65) bestätigt wird, daß religiöse Symbolisierungen ein Schlüssel zur empirischen Analyse und Rekonstruktion sozialer Ordnungen sind.

Natur als Poiesis und Praxis

Die hier skizzierten Vorstellungen vieler afrikanischer Völker über die Eigenschaften der Wildnis stellen unsere alltäglichen Gewißheiten über die Natur grundlegend in Frage, obwohl ähnliche Ansichten dem vormodernen[11] Europa nicht fremd waren. Besonders exotisch erscheint uns die Annahme, daß Natur nicht nur ein gleichwertiges Gegenüber sein kann, sondern daß ihre Überlegenheit gegenüber der Gesellschaft (Kultur) betont wird. In den symbolischen Repräsentationen vieler afrikanischer Gesellschaften verkörpert die Wildnis

(Busch) nämlich die übergeordnete, allumfassende Kategorie (Fardon 1990: 149-149), die das Dorf und die Menschen als abhängige Repräsentanten mit einschließt. Dies bedeutet allerdings nicht, daß die Menschen Teil oder Gefangene der Natur sind, wie es ältere Annahmen (vgl. Guerry 1970) glauben machen wollten[12], sondern daß sie sich in einem beständigen Prozeß mit der Natur auseinandersetzen müssen. Dies geschieht sowohl auf materieller als auch auf ritueller Ebene, die beide, wie Descola (1995: 3f.) betont, nicht voneinander zu trennen sind.

Insbesondere Rituale haben trotz ihrer Vielfalt und Heterogenität die Funktion, die unterschiedlichen Ordnungen von bewohnter Welt (Dorf) und Wildnis miteinander in Beziehung zu setzen und in gewisser Weise kompatibel zu machen. Aussaat und Ernte sind ebenso Gegenstand ritueller Ereignisse wie die Danksagung für eine erfolgreiche Jagd, die Geburt eines Kindes oder eine glücklich überstandene Krankheit. Diese Riten beziehen sich sowohl auf den Ablauf des Jahreszyklus als auch auf die wichtigsten Ereignisse im Leben der Menschen wie Geburt, Krankheit und Tod. In diesen (vergleichsweise alltäglichen) Ereignissen werden einerseits die Grenzen zwischen der sozialen und moralischen Ordnung des Dorfes und der antisozialen Ordnung der Wildnis thematisiert und affirmiert. Andererseits dient aber gerade die entgegengesetzte Ordnung der Wildnis auch dazu, der Welt der Menschen neue Lebenskraft und Vitalität zu geben (etwa durch einen Transfer von Fruchtbarkeit oder Medizin[13]) und sie dadurch vor drohenden Katastrophen wie Epidemien, Heuschreckenschwärmen oder Dürrekatastrophen (vgl. Schoffeleers 1978) zu schützen. In diesem Falle geht es nicht darum, die soziale von der natürlichen Welt abzugrenzen, sondern die Mächte der Wildnis für die Menschen im Dorf nutzbar zu machen. Dies geschieht vor allem in den zahlreichen Regen- und Fruchtbarkeitskulten (vgl. dazu Petermann 1985), in denen ein Transfer dieser Macht vom Busch/Wald ins Dorf stattfindet.

In Agrargesellschaften gibt es für diese rituellen Aufgaben ein besonderes öffentliches Amt, das in Westafrika von den sogenannten Erdherrn (vgl. Zwernemann 1968), in Zentral- und Südafrika zumeist von Regenpriesterinnen oder Regenpriestern ausgeübt wird. Bei ihnen handelt es sich oft um charismatische Führungspersönlichkeiten, die von den Natur- oder Erdgeistern für dieses Amt erwählt wurden. Sichtbares Zeichen einer solchen Wahl ist in der Regel eine längere Krankheit, nach deren Überwindung die Novizen häufig eine "Lehrzeit" im Busch absolvieren müssen. Die Dogon bezeichnen sie als *orubaru*, was wörtlich übersetzt "dem Busch hinzugefügt" heißt. Darin deutet sich ihr liminaler Status an, der von ihnen verlangt, daß sie längere Zeit mit den Tieren und Pflanzen als Quelle allen Wissens leben und sich von ihnen in ihre Kenntnisse einweihen lassen (vgl. dazu Lan 1985). Aus diesem Grunde wird das Wissen über die Natur und ihre heilenden Kräfte in vielen dieser Kulte als ein Geschenk der Geister dargestellt und nicht als von Menschen erworbenes und tradiertes Wissen. Die Priester, Heiler oder Propheten sind daher eher Medien bestimmter Naturgeister, die ihre Kenntnisse qua Amt oder Berufung haben, aber nicht aufgrund eigener Fähigkeiten. Sie erhalten dadurch eine besondere Legitimation und auch die Autorität, Neuerungen durchzusetzen - im Ernstfall sogar gegen die Ahnen.

Die Interaktion mit der Natur vollzieht sich jedoch nicht nur über symbolische Formen, sondern vor allem auch als ein Prozeß materieller Transformation. So geht es uns auch darum, verschiedene Formen der Auseinandersetzung mit Natur als Ausdruck wirtschaftlichen Handelns zu untersuchen (vgl. dazu die Beiträge von Klute, Krings und Streiffeler in diesem Band). Ein Vergleich von Jäger- und Sammlergesellschaften, Viehzucht- und Agrargesellschaften läßt darüberhinaus die verschiedenartigen kognitiven Muster und kulturellen Logiken auf dieser Ebene gesellschaftlicher Praxis deutlich werden. Solche Analysen zeigen zudem, daß wirtschaftliche Naturaneignung in Afrika trotz, oder sogar wegen, z.T. einfacher Technologien auf sehr genauen und gründlichen Kenntnissen der Flora, Fauna und ihren ökologischen Zusammenhängen basiert, entgegen den Annahmen einer konservativen und kolonial inspirierten Agrarforschung, die jahrzehntelang den gegenteiligen Standpunkt vertrat (vgl. dazu Spittler 1981). Der Kenntnisreichtum und die Genauigkeit, wenn nicht sogar Überlegenheit, lokalen Wissens gegenüber naturwissenschaftlich begründeten Technologien sind in der Praxis von Entwicklungshilfeprojekten inzwischen gut dokumentiert (vgl. Séhouéto in diesem Band). Die immer noch verbreitete Unterschätzung des lokalen Wissens afrikanischer Bäuerinnen und Bauern rührt vermutlich u.a. daher, daß deren Taxonomien nach anderen Kriterien als naturwissenschaftlichen Klassifikationssystemen aufgebaut sind, ohne deshalb von geringerem Wert zu sein (vgl. dazu Dieterlen 1952, Visser 1977, Tambiah 1985, MacGaffey 1986). Die vielleicht eindrucksvollste Untersuchung in dieser Hinsicht ist die Studie von Germaine Dieterlen aus den fünfziger Jahren über das pflanzliche Klassifikationssystem der Dogon. Dieterlen verdeutlicht, daß es sich dabei um ein kohärentes kosmo-biologisches System handelt, das unmittelbar mit dem Ursprungsmythos und den darin explizierten Merkmalen der Götter und Menschen verknüpft ist.[14] Die insgesamt 300 klassifizierten Pflanzen teilen die Dogon in 22 (plus zwei zusätzliche) "Familien" ein, die wiederum in zwei Gruppen von jeweils elf "Familien" unterteilt werden. In Verbindung mit einer komplizierten Zahlensymbolik, die auf gleiche und ungleiche Zahlenreihen aufgebaut ist, werden die Pflanzen mit den als wichtig erachteten 24 Körperteilen des Menschen in Beziehung gesetzt. Diese Analogie zwischen Pflanzen und Menschen wird auch rituell unterstrichen. Aussaat und Ernte werden ebenso wie Geburt und Tod mit denselben Riten gefeiert. Auf diese Weise ergibt sich ein in sich geschlossenes, äußerst komplexes Systems, das neben der Beziehung von Menschen und Pflanzen noch andere Dimensionen, wie symbolische Verweise auf soziale Institutionen, einbezieht.

Aber auch abgesehen von solchen komplizierten Ordnungsmustern bleibt das Wissen über Natur in afrikanischen Gesellschaften eindrucksvoll. Dies illustriert ein Vergleich der detaillierten Untersuchungen von Lee (1979) über die Pflanzenkenntnis der Dobe !Kung in der Kalahari mit denen der benachbarten Tonga. Eines der Ergebnisse von Lee war, daß die Dobe !Kung über 200 Pflanzen kennen, von denen ungefähr 115 eßbar sind. Davon werden interessanterweise jedoch nur 14 tatsächlich gegessen. Und von diesen 14 Arten macht wiederum lediglich eine einzige Sorte, die Mongongo-Nüsse, fast die Hälfte der gesamten pflanzlichen Nahrung aus (Lee 1979: 158-159). Die Genauigkeit dieser Kenntnisse ergibt sich aus einem Vergleich mit denen des Botanikers Fanshawe, der für das mittlere Zambezi-Tal, das ähnliche Böden und Klimabedingungen wie die Kalahari aufweist, ebenfalls 215 Pflanzen identifizierte. Davon galten den Gwembe-Tonga 111 Sorten (Scudder 1971: 19-20); 21 dieser von den Tonga gegessenen Pflanzen wurden von den !Kung jedoch verschmäht, obwohl sie sie als eßbar identifiziert hatten. Umgekehrt beobachtete Luig 1993, daß die Tonga die von den !Kung so sehr geschätzten Mongongo-Nüsse achtlos in ihren Dörfern verrotten ließen und ganz offensichtlich keine Ahnung von ihrem erheblichem Nährwert hatten. Dieses Beispiel illustriert auf sehr eindrucksvolle Weise, wie eng die kognitiven Kenntnisse der jeweiligen Völker mit ihren kulinarischen Vorlieben und ästhetischen Präferenzen zusammenhängen und in welchem Maße daher die kulturelle Konstruktion von Natur deren Aneignung und Verwertung beeinflußt.

Naturzerstörung oder Naturbewahrung?

Aufgrund der bisher geschilderten Befunde könnte man leicht den Eindruck gewinnen, daß die religiös verankerte Verehrung von Natur notwendigerweise zu einem besonders schonenden und sorgfältigen Umgang mit ihr führt. In der Tat gehört diese Annahme zu den umstrittensten Thesen der Kulturanthropologie, die nach fast 30 Jahren noch immer äußerst kontrovers diskutiert werden. Roy Rappaport (1967) hatte in seinem inzwischen zum Klassiker avancierten Buch *Pigs for the Ancestors* zum erstenmal die ökologische Dimension von Religion betont, stieß damit jedoch bald auf heftige Kritik. Diese Kritik richtete sich im Kern gegen die Romantisierung des Naturverhältnisses in sogenannten Subsistenzgesellschaften, die als eine Projektion und Konsequenz des Bildes vom edlen Wilden angegriffen wurde.[15] Besonders in-tensiv wird diese Diskussion gegenwärtig am Beispiel von Wildbeutergesellschaften geführt (vgl. Luig in diesem Band), wobei man früheren Ethnographen vorwirft, die Jäger und Sammler der Kalahari und des tropischen Regenwaldes als Beispiele für eine unberührte Urbevölkerung mißbraucht zu haben. Auch viele historisch orientierte Forschungen zu den Auswirkungen von Weltmarktexpansion und

Kolonialismus sind zumindest implizit von einem harmonischen Naturverhältnis als Ausgangssituation ausgegangen, das dann durch externe Interventionen nachhaltig ge- oder zerstört worden sei.[16] Heute wird demgegenüber stärker die Historizität auch solch vermeintlicher Vor-Kontakt-Situationen betont und etwa auf frühe Markteinbindung, externe Dominanzverhältnisse sowie Wandel und Ungleichgewichte im Naturverhältnis verwiesen.

Trotz dieser z.t. berechtigten Einwände darf allerdings nicht übersehen werden, daß zahlreiche Beispiele aus Gesellschaften sowohl des 19. wie des 20. Jahrhunderts überliefert sind, in denen ein schonender Umgang mit Natur belegt ist. Selbstbescheidung[17] bei der Auswahl und Ausbeutung der Produkte ist dafür ebenso bezeichnend wie die zahlreichen Vorsorgeregeln und Schutzmaßnahmen, die durch eine umweltfeindliche Maximierung von Ernte- oder Jagderträgen vielfach behindert oder gar verhindert wurden. Eindrucksvolle Beispiele dafür sind zum einen die langen Brachezeiten in vielen Agrargesellschaften, die eine umfassende Regeneration des Buschwerks erlaubten, bis ein Sekundärwald[18] entstanden war; zum anderen bestätigen die zahlreichen Regeln und Tabus, die den Anbau und die Jagd regelten, wie sehr die Eingriffe in die Natur menschlichem Denken und Planen unterstanden. Dazu gehörten festgesetzte Ruhetage (manchmal mehrere innerhalb einer Woche), an denen die Arbeit auf den Feldern oder gar das Betreten des Waldes verboten war (vgl. dazu Douglas 1963, Luig 1987, Gottlieb 1992), territorial festgelegte Schutzzonen, in denen das Jagen und Töten spezifischer oder aller Tiere untersagt blieb, sowie die von Schoffeleers erwähnte Kontrolle der Buschfeuer (1978: 3), die nur von Experten zu rituell vorgeschriebenen Zeiten gelegt werden durften. Ein weiterer wichtiger Beleg sind zudem geschlechts- und altersspezifische Nahrungstabus, denen neben ihrer symbolischen Bedeutung von Kulturmaterialisten auch eine ökologisch konservierende Wirkung zugeschrieben wird.

Allerdings lassen sich auch ebenso eindrucksvolle Gegenbeispiele anführen, die die Annahme stabiler, rituell organisierter und ökologisch balancierter Aneignungsformen in autochthonen Gesellschaften nachhaltig in Frage stellen. Bezeichnend ist hier das Verhalten von Angehörigen dieser Gesellschaften in Situationen extern induzierten ökonomischen Wandels. So leisteten weder die San noch die Mbuti, obwohl man ihnen einen besonders harmonischen Umgang mit Natur unterstellte, Widerstand gegen die naturzerstörenden Formen der kommerzialisierten Jagd. Sie trugen im Gegenteil zu deren Effektivierung bei, sobald ihnen dazu die Möglichkeiten durch bessere Waffen geboten wurden. In Namibia beschäftigte der weiße Jäger Hendrik van Zyl um 1874 über hundert "Buschmänner", die an einem einzigen Tag 103 Elefanten töteten und damit, wie Gordon sarkastisch bemerkt, einen neuen Weltrekord aufstellten:

"Instead of toppling helplessly from foraging to begging, they emerge as hotshot traders in the mercantile world market for ivory and skins. Rather than being victims of pastoralists and traders who depleted game, they appear as one of many willing agents of this commercial depletion, operating as brokers between competing forces as hired shots" (Gordon 1984: 196).

Die Gefährdung natürlicher Ressourcen und damit der eigenen Reproduktionsbasis ist auch für Agrar- und Viehzüchtergesellschaften belegt. Das Abholzen tropischer Regenwälder geschieht nicht nur durch kapitalistische Unternehmen, sondern wird auch von einheimischen Bauern durchgeführt, wenngleich in weniger katastrophalem Umfang. Ein interessantes Beispiel dafür sind die Akan-Gesellschaften in der südlichen Elfenbeinküste (Abe, Aouan, Beng), die eine ökologisch gut durchdachte und religiös begründete Form der Agrarkultur bis in die 1970er Jahre praktizierten (vgl. van den Breemer 1992, Visser 1977, Luig 1986, Gottlieb 1993). Sie bauten Yams, Kaffee und Kakao sowie eine Vielzahl von Gemüsen und Sekundärkulturen wie Erdnüsse und Baumwolle in Lichtungen im Wald an, der allerdings nur in dafür vorgesehenen Teilen genutzt werden durfte. In den "heiligen Hainen" war jeder Anbau oder sonstige menschliche Eingriff verboten. Aufgrund zunehmender Landnot in den siebziger Jahren, die aus einer massiven Immigration von Landarbeitern aus dem Norden der Elfenbeinküste und den angrenzenden Sahelländern resultierte, schreckten diese Ethnien nicht mehr davor zurück, diese Waldflächen für den Anbau von Yams oder Kaffee zu erschließen. Zwar wurde diese Verletzung als frevelhaft empfunden, weshalb die Abe-Ngongbo nur unter dem Siegel größter Verschwiegenheit davon berichteten (vgl. Luig 1987), doch erwiesen sich die verschiedenen Akan-Gruppen in der Elfenbeinküste ebenso wie andere Völker als äußerst flexibel, diese Tabu-Verletzungen durch rituelle Mediatisierung aufzuheben. Noch dramatischere Folgen hatte indessen der Anbau von Reis, der sich, obwohl bis dahin verboten, ebenfalls in den 1970er Jahren unter dem Druck einer Regierungskampagne und zunehmend veralteter und unrentabler Kaffee- und Kakaofelder durchzusetzen begann. Binnen kürzester Zeit wurde diese einst zu den reichsten Gebieten der Elfenbeinküste gehörende Region ein ökologisches Notstandsgebiet, da das großflächige Abholzen des Regenwaldes zu dramatischen Klimaänderungen und zur weiteren Verschlechterung der Böden führte.[19]

Wie läßt sich dieser Widerspruch zwischen einem überkommenen, religiös begründeten und schonenden Umgang mit der Natur auf der einen Seite und rücksichtsloser Ausbeutung auf der anderen Seite verstehen? Die Gründe dafür sind vielschichtig. Sie können nicht auf "exogene" Zwänge von Markt und Staat reduziert werden, so wichtig diese vielfach gewesen sind. Vielmehr müssen auch lokale Deutungsmuster und Interessen in ihrer Dynamik gesehen werden. Die Dogon in Mali etwa, deren jährlicher Holzverbrauch im Dorf

Tirelli 412 t Holz (van Beek und Banga 1992: 64) beträgt, erklären, daß *oru*, der Busch, über unerschöpfliche Ressourcen verfüge und sich deshalb ohne Zutun der Menschen beständig regeneriere.

"The bush is viewed as not only the ultimate source of living , but as an inexhaustible source. The village depends on the bush, and not vice versa. The Dogon may shape part of it, enhancing their chances for survival and wealth, but in changing things of the bush to things of men, the truly fertile, life-giving aspects are lost. Whereas the bush is life, culture means entropy" (van Beek und Banga 1992: 71).

Die Vorstellung, daß Busch, Wald oder Wildnis über unerschöpfliche Ressourcen verfügen und sich daher jeglicher Vorsorge durch die Menschen entziehen, ist auch in anderen Gesellschaften Afrikas weit verbreitet (vgl. Fardon 1990: 149). Sie ist einer der Gründe dafür, weshalb indigene Konzeptionen über Natur und europäischer Naturschutz so oft konfligieren und zu politischen Auseinandersetzungen führen (vgl. dazu Schmidt 1994).

Wie das Beispiel der Akanvölker, aber auch der Nunu im äquatorialen Regenwald Zaires (vgl. Harms 1987) zeigt, setzen sich auch in Afrika, nicht anders als in anderen Teilen der Welt, die Bauern mühelos über religiöse Vorschriften und ökologische Bedenken hinweg, wenn diese mit ihren ökonomischen Bedürfnissen oder auch mit ihren Konzepten von Reichtum kollidieren. Dies entspricht durchaus der pragmatischen Grundhaltung, mit denen viele afrikanische Bevölkerungsgruppen ihren Glauben praktizieren und ihn dynamisch an die jeweiligen sozialen Verhältnisse anpassen (vgl. dazu Séhouéto in diesem Band). Zugleich läßt sich aber auch nachweisen, daß nicht alle umweltschonenden und religiösen Praktiken aufgegeben werden, sondern daß jene Vorstellungen, die nicht im Widerspruch zu materiellen Interessen stehen, weiter existieren. So beachteten die Abe-Ngongo trotz der Übernahme des Reisanbaus weiterhin die spezifischen Ruhetage für den Wald; in Zambia wurden Regenriten wieder eingeführt, nachdem man sie mehrere Jahre lang nicht praktiziert hatte; aus Zimbabwe ist das Wiederanknüpfen an alte prophetische Traditionen während des Guerillakrieges bekannt.

Wir brauchen daher genauere Untersuchungen über diese Veränderungsprozesse, die nicht mit unilinearen, pauschalisierenden Erklärungen zu erfassen sind. Vielmehr müssen wir das Problem klären, unter welchen technischen und sozio-politischen Bedingungen und mit welchen Folgen sich ressourcenschonende Haltungen gegenüber der Natur herausbilden, verschwinden oder auch restrukturieren. Hier geht es also nicht um eine Romantisierung vorkapitalistischer Naturbeziehungen, sondern um ein möglichst detailliertes Verständnis ihrer Grundlagen und Veränderungen. Um die Transformation dieser Beziehungen besser zu verstehen, müssen auch vorhandene Widersprüche und Konfliktlinien aufgedeckt werden. Die Vielschichtigkeit der Auseinandersetzung mit der Natur stellt im übrigen, auf einer noch grundsätzlicheren Ebene, die gängige, eher simplifizierende Polarisierung von Natur und Kultur in Frage.

Zur Debatte um das Verhältnis von Natur und Kultur

Die Vorstellungen vieler afrikanischer Völker über das Verhältnis der Menschen zur Wildnis zeigen in sehr eindringlicher Weise, daß die Natur hier als das Mächtige und Dominante gedacht wird. Gleichzeitig wird jedoch auch deutlich, daß die Ambiguitäten von Natur nicht dazu taugen, sie in Opposition zur Kultur zu bestimmen, sondern daß beständige Transfers und Transformationen dieses Verhältnis kennzeichnen. Fernandez betont zu Recht, daß die Dörfer selbst einen Teil des Waldes darstellen, weil das gesamte Baumaterial, Hölzer, Raffiafasern und Lianen, von dort stammt.

> "In this way, the village so at odds with the forest was yet constructed out of it, and to that extent the distinction between these two realms was transformed into a close association. Men going back and forth between the forest and the village created a unity where a set of contrasting categories existed in spatial fact. This synthesis was expressed in Fang architecture itself." (Fernandez 1982: 109)

Auch MacGaffey (1986: 122) kommt in seiner Untersuchung der Kongo-Kosmologie zu dem Ergebnis, daß die Dichotomie von Natur und Kultur der lokalen Konzeption in keiner Weise angemessen ist, sondern lediglich europäische Deutungen widerspiegelt. Diese lange Zeit sehr einflußreiche These basierte ursprünglich auf Überlegungen von Levi-Strauss, der in seinen früheren Arbeiten Natur und Kultur als Gegensätze definiert hatte, sich aber schon in *Das Wilde Denken* (1973) gezwungen sah, eine stärkere gegenseitige Durchdringung der beiden Bereiche zuzugestehen.

Trotz dieser Relativierung blieb die Trennung von Natur und Kultur aber noch länger für die Vertreter eines strukturalen Ansatzes in der Ethnologie konstitutiv (vgl. dazu Izard/Smith 1982, Jacobson-Widding 1991). Im Unterschied zu französischen und skandinavischen Ethnologen setzten sich angelsächsische Autoren jedoch schon seit den siebziger Jahren höchst kritisch mit der von Levi-Strauss und seinen Nachfolgern vertretenen binären Klassifikation als Grundmuster menschlichen Denkens auseinander. Neben der Studie von Jack Goody (1977) erwies sich vor allem der von MacCormack und Strathern (1980) edierte Sammelband *Nature, Culture and Gender* als sehr einflußreich. In ihm stellten die Autorinnen die von Levi-Strauss postulierte Universalität der Unterscheidung von Natur und Kultur ebenso grundlegend in Frage wie die von Sherry Ortner (1974) und Edwin Ardener (1974) vorgetragene These, daß das Weibliche in allen Gesellschaften mit der Natur und das Männliche mit der Kultur identifiziert werde (kritisch dazu Leach 1994, Behrend 1987). MacCormack und Strathern argumentierten, wenn auch von unterschiedlichen Positionen aus, daß der Gegensatz von Natur und Kultur eine rein abendländische "Erfindung" sei,[20] die ihre Wurzeln, wie Goody gezeigt hat, in der Zeit der Aufklärung habe. Allerdings seien auch abendländische Vorstellungen über Natur keineswegs konstant geblieben, sondern hätten sich beständig verändert, wie Jean und Marc Bloch (1980) am Beispiel der französischen Gesellschaft aufzeigen (vgl. dazu auch Groh und Groh 1991). Gerade in dieser Historizität des Naturbegriffs werde aber auch deutlich, daß eine universale Abwertung der Natur unter die Kultur, wie Ortner (1974) dies in ihrem einflußreichen Aufsatz postuliert hatte, nicht einmal für die abendländische Gesellschaft Gültigkeit beanspruchen könne, geschweige denn universal verbreitet sei. Begriffe wie Natur oder Kultur, selbst wenn sie in anderen Gesellschaften existierten, seien also keineswegs mit unseren Vorstellungen kompatibel, da sie mit anderen Inhalten und Emotionen assoziiert würden. Es sei deshalb unverzichtbar, bei allen Aussagen über Natur die sog. *folk models* oder *folk conceptions* angemessen zu berücksichtigen und auf essentialistische Bestimmungen von Natur (ebenso wie von Kultur) zu verzichten. Diese Forderungen wurden fünfzehn Jahre später erneut von Croll und Parkin aufgegriffen, die gegen eine strukturalistisch-kulturalistische Interpretation polemisieren und sich gegen eine Gegenüberstellung von "Mensch" und "Umwelt" oder "Natur" und "Kultur" wenden. Statt einer Dichotomisierung fordern sie, "that persons and their changing environment are regarded as part of each other, and as reciprocally inscribed in cosmological ideas and cultural understanding" (Croll/ Parkin 1992: 3) - eine Schlußfolgerung, die wir voll teilen können.

Zu den einzelnen Beiträgen

Die in diesem Sammelband vorgestellten Studien können das bisher skizzierte, theoretisch anspruchsvolle Programm einer Erforschung der "Vergesellschaftung der Natur" in Afrika nicht einlösen; dazu sind sie zu sehr empirisch angelegt. Sie liefern aber dennoch, zumindest implizit, Ansätze für ein solches Konzept, das wir abschließend aus unserer Sicht kurz entwerfen wollen. Diese Ansätze liegen auf den drei Ebenen, die wir in den vorangehenden Abschnitten betrachtet haben. Es handelt sich also um Beiträge erstens zu der Frage der Vermittlung (und der Widersprüche) zwischen technischer Beherrschung, gesellschaftlicher Verfügung und symbolischer Aneignung von Natur; zweitens um die Problematisierung und Überwindung der Dichotomie von "Natur" und "Kultur" in emischen Naturvorstellungen (*folk models*); und drittens um die

Untersuchung der Veränderung bzw. Rekonstruktion all dieser Formen im Kontext von Prozessen der "Modernisierung".

Die ersten beiden Beiträge unternehmen den Versuch, Naturvorstellungen als *folk models*, d.h. aus emischer Sicht, zu rekonstruieren. Am Beispiel des zentralafrikanischen Regenwaldes untersucht *Ute Luig* die unterschiedlichen Formen der Symbolisierung, in denen drei wirtschaftlich und sozial verschieden strukturierte Gesellschaften (Mbuti, Lele, Aschanti[21]) ihr Verhältnis zum Wald ausdrücken. In den Mittelpunkt ihrer versgleichenden Analyse stellt sie die emische Unterscheidung, Wald und Dorf als Symbole für Wildnis und Zivilisation voneinander abzugrenzen. Obwohl das Dorf im Gegensatz zum Wald immer der Ort des Sozialen und Domestizierten ist, wird es keineswegs in allen Gesellschaften positiv bewertet. Selbst da, wo vermeintlich dichotome Vorstellungen unsere Vorstellungen von Natur und Kultur als Gegensatz zu reproduzieren scheinen, verdeutlichen die emotionalen Bewertungen, daß in afrikanischen Gesellschaften andere Trennungslinien zwischen Natur und Kultur als in unserer Gesellschaft existieren. Trotz des konzeptionellen Gegensatzes von Wildnis und Dorf handelt es sich nämlich nicht um ein Prinzip gegenseitiger Ausschließung, sondern, wie das Beispiel der Zwischenzonen und heiligen Räume zeigt, um ein System symbolisch vermittelter Vorstellungen, in dem die Beziehungen zwischen Geistern, Menschen, Pflanzen und Tieren trotz ihrer jeweiligen Distinktion in der Interaktion eine Einheit bilden. Die Natur wird auf diese Weise zu einem Teil der Kultur.

Gleichwohl kann Luig jedoch anhand der von ihr untersuchten Klassifikation der Tiere und der ihnen zugrundeliegenden Eßtabus zeigen, daß in allen Gesellschaften eine Trennung von Natur und Kultur vorgenommen wird. Eßtabus ordnen die kulturelle Welt der Menschen, indem sie Natur differenzieren und moralisch bewerten. In welcher Weise Natur und Kultur symbolisch aufeinander bezogen werden, hängt jedoch - wie sich aus ihrem Strukturvergleich ergibt - von der jeweiligen konkreten Praxis, der sozialen Organisation und den historischen Erfahrungen der Gesellschaften ab. Bedauerlicherweise sind die vorhandenen Daten in dieser Hinsicht jedoch recht heterogen, weshalb ihr Beitrag auf strukturelle und normative Beziehungen fixiert bleibt. Aber gerade im Hinblick auf neuere Theorieansätze wäre es wünschenswert, die Analyse durch einen dynamischeren Blick auf die Interaktion zwischen Wald und Dorf, auf das Verhältnis von Norm und Praxis sowie auf neuere Transformationsprozesse zu ergänzen; dazu bedarf es jedoch detaillierterer Daten, welche für die von ihr behandelten Gesellschaften gegenwärtig nicht vorhanden sind.

Trotz dieser Defizite lassen ihre Ergebnisse erkennen, daß sich im Zuge des Modernisierungsprozesses die religiöse Begründung von Natur gegenüber der utilitaristischen Form ihrer Aneignung zwar abschwächt, ohne jedoch völlig an

Relevanz zu verlieren. Zwar ändern sich die Inhalte der symbolischen Aneignung von Natur, aber die symbolische Praxis als solche bleibt auch unter den Bedingungen kapitalistischer Durchdringung erhalten. Obwohl der Glaube an die Macht der Geister und die Wirksamkeit der Riten - vor allem bei der jungen Generation - abnimmt, kann man von einer wirklichen *Entzauberung*[22] der afrikanischen Welt nicht sprechen. Dafür ist die Zahl beständig wachsender Besessenheitskulte, die Zunahme von Magie und die kontinuierliche Bedeutung lokaler Medizin zu ausgeprägt. An diesen vorläufigen Befund müßten sich genauere Untersuchungen anschließen, die der Komplexität dieser Transformationsprozesse gerecht werden. In diesem Zusammenhang stellt sich auch die Frage nach neuen Symbolisierungen, teilweise quasi-religiösen Charakters, wie sie etwa im Gefolge staatlich forcierter Agrarberatungskampagnen und Naturschutzmaßnahmen auftreten.

Georg Klute greift in seinem Beitrag ebenfalls Prinzipien territorialer Gliederung auf, die er am Beispiel der nomadischen Gesellschaft der Tuareg im Niger exemplifiziert. Das Weltbild der Tuareg wird im wesentlichen durch die Gegensätze zwischen Berg und Tal sowie Wüste und Städte bestimmt, die in etwa analog zu unserer Unterscheidung von "Zivilisation" und Wildnis stehen.[23] Dabei werden wirtschaftsräumliche Abgrenzungen in eine übergreifende moralische Topographie eingebettet, die die Beziehungen zwischen den Teilräumen betont. Die symbolische Gliederung des Raumes bei den Tuareg kreist um den Begriff *albaraka*, der mit "Gottes Segen" übersetzt werden kann. Ihren Vorstellungen zufolge ist es Gott selbst, der zwischen guten und schlechten Weiden unterscheidet und seinen Segen differentiell über das Land verteilt. Nicht alle Landstriche und Böden sind in gleicher Weise für die Viehzucht geeignet. Neben natürlichen Faktoren wie Wasservorkommen, Bodenbeschaffenheit und klimatischen Verhältnissen spielt der Segen Gottes eine wichtige Rolle. Nur wenn eine Weide *albaraka* hat, ist sie eine gute Weide.

Albaraka identifizieren die Tuareg auch mit dem Bergland des Adagh, das über bessere Weiden als die sandigen Böden in den Ebenen verfügt. Damit wird zugleich auch ein Nord-Süd- Gegensatz als konstitutiv für *albaraka* festgeschrieben, da man im Norden trotz spärlicherer Weiden mehr *albaraka* als im Süden findet; diese Zuschreibung kann sich sowohl auf einzelne Täler als auch auf die gesamte Großregion beziehen, da die Tuareg die Städte des Südens mit dem Bergland im Norden in Beziehung setzen. In der Topographie der Tuareg verkörpert die Stadt den (negativen) Gegenpol zum Bergland, da die Stadt als "häßlich" gilt. Häßlichkeit stellt hier aber nicht nur ein ästhetisches, sondern auch ein moralisches Urteil dar. Sie wird als Mangel an Autonomie, also als Abhängigkeit verstanden. In der Vorstellungswelt der Tuareg heißt das, daß die Stadt durch den Busch existiert, also eine Relation der Ausbeutung und Erniedrigung versinnbildlicht. Vor diesem Hintergrund wird es verständlich, daß viele von ihnen in der Stadt unglücklich sind, Heimweh bekommen oder schlimmere psychische Probleme entwickeln.

Klutes Beitrag vermittelt in differenzierter Weise, daß die Naturvorstellungen afrikanischer Völker eine Weltsicht widerspiegeln, in der Natur mehr als nur "natürliche Ressourcen" umfaßt, sondern übernatürliche Kräfte mit einschließt. Es sind nicht nur die guten Weiden, die für das Wohlbefinden der Tiere verantwortlich sind, sondern vor allem die Geister (*kal-arog*), die, obwohl unsichtbar, das Verhalten der Herden beeinflussen. Die Welt der *kal-arog* ist in gleicher Weise wie die soziale Welt strukturiert, da die Geister eine Parallelwelt zu der der Menschen aufgebaut haben, in die sie zudem beständig eingreifen können. Gerade diese Parallelität schafft indes die Voraussetzung dafür, daß soziales Verhalten beständig moralische Urteile provoziert, die aus der symbolischen Repräsentanz der Natur abgeleitet werden. Die "Natur" wird zum Hüter der Moral; sie klagt die Befolgung der normativen Regeln ein und entscheidet über die Lebensmöglichkeiten der Menschen und Tiere.

Die Komplexität der Vermittlungsprozesse zwischen technischer Beherrschung, gesellschaftlicher Verfügung und symbolischer Aneignung wird auch von *Friedhelm Streiffeler* untersucht. Er vertritt die These, daß die Art und Weise der Naturaneignung ethnische Identitäten bestimmt. Er belegt dies anhand eines Vergleichs der bodenbautreibenden Yira, auch Nande genannt, und der ehemals jägerischen Komo. Beide Ethnien leben im zentralafrikanischen Regenwald in Zaire, in dem sie sich aber erst nach einer längeren Migrationsgeschichte niedergelassen haben. Streiffeler zufolge bestimmte die Art und Weise dieser Migration auf entscheidende Weise ein ethnisch spezifisches Verhältnis zum Wald.

Das von den Yira eroberte Berggebiet bot ihrer wachsenden Bevölkerung nur begrenzte Möglichkeiten, weshalb sie ihr neues Siedlungsgebiet beständig ausweiten mußten. Während sich diese Expansion zunächst unter dem Deckmantel ihrer Rolle als Händler vollzog, gingen sie später dazu über, ihre Familien nachkommen zu lassen. Im Rahmen dieses beständigen Expansionsprozesses führten sie einen Kampf gegen den Wald, den sie grundsätzlich als gefährlich erachteten, dessen zahlreiche Ressourcen, etwa in Form von Heilpflanzen, sie aber zugleich zu nutzen wußten. Die Yira waren und sind hervorragende Bauern, die eine Vielzahl von Pflanzen sowohl zur eigenen Nahrungssicherung als auch zur Vermarktung anbauen. Erstaunlich ist dabei nicht so sehr ihre Innovationsbereitschaft, die auch aus anderen afrikanischen Gesellschaften gut dokumentiert ist (vgl. Berry 1993), sondern eher die Tatsache, daß Produkte der kolonialen Landwirtschaft nach nur 40 Jahren als einheimische Sorten betrachtet werden.

Im Unterschied zu den Yira war die Übernahme kolonialer Techniken durch die Komo aus der Sicht der kolonial- und postkolonialen Verwaltung weniger erfolgreich. Als ehemaliges Jägervolk wehrten sie sich - auf passive Weise - dagegen, den Forderungen der Kolonialregierung über das notwendige Maß hinaus nachzukommen. Interessant ist dabei vor allem, daß sie den ihnen eigenen Umgang mit dem Wald nicht aufgaben. Anders als die Yira, denen es schon vor der Kolonialzeit eher um die Domestizierung und Kontrolle des Waldes ging, beschränkten sich die Eingriffe der Komo eher auf das Entnehmen von mehr oder minder wildwachsenden Produkten. Ihr Verhältnis zum Wald kann daher als wildbeuterisch beschrieben werden. Die Anordnung ihrer Felder zeigt heute noch etwas von diesem *folk model* des Waldes, das diesen nicht als Wildnis ausgrenzt, sondern in ihre Zivilisation als Ort der Ahnen einbezieht. Die von ihnen gewählte Form der Landwirtschaft entspricht daher ihrem historisch gewachsenen Verhältnis zum Wald, der für sie ein Modell der Fruchtbarkeit darstellt, an dem sie sich orientieren. Die dominante Anordnung der Felder ist die der scheinbar wild wachsenden Mischkultur, die sie eng mit ihren Kenntnissen über Bodenfruchtbarkeit korrelieren. Streiffeler gelingt es plausibel zu machen, daß sich bei den Komo und Yira zwei völlig unterschiedliche Identitäten im Hinblick auf die Naturaneignung herausgebildet haben, welche sich auch in radikal unterschiedlichen landwirtschaftlichen Praktiken und in jeweils unterschiedlichen Reaktionen auf koloniale bzw. postkoloniale Agrarinterventionen ausdrückten.

Wie bäuerliches Wissen über landwirtschaftliche Praktiken in Afrika sich verändert, auch im Kontext externer Versuche der Einführung neuer Techniken und Produkte, untersucht *Lazare Séhouéto* an Beispielen aus Benin. Er hebt insbesondere die Experimentierfreudigkeit der Bauern hervor und verwendet einen entscheidungstheoretischen Ansatz, der die Vielfalt von Gründen betont, die in Anbauentscheidungen eingehen. Dabei kommt er zu dem Ergebnis, daß afrikanische Bauern nicht einfach Gefangene von (angeblich) spezifisch afrikanischer Spiritualität sind, sondern aktiv und rational Entscheidungen treffen, die sich hauptsächlich an ökologischen ökonomischen Gegebenheiten orientieren. Um dies zu unterstreichen, versucht er zu zeigen, daß selbst religiöse Normen in der landwirtschaftlichen Praxis von den Bauern zweckrational ausgehandelt werden.
  Damit wendet er sich vor allem gegen eine kulturalistische Interpretation der Naturaneignung, ohne aber grundsätzlich die Bedeutung symbolisch vermittelten Wissens zu negieren. In seinem Beitrag akzentuiert er implizit die Ergebnisse der kognitiven Ethnologie, indem er den Kenntnisreichtum und die Genauigkeit, wenn nicht gar Überlegenheit bäuerlich-lokalen Wissens gegenüber dem naturwissenschaftlich orientierten Wissen von Agrar- und Entwicklungsexperten betont. Er beschreibt sehr anschaulich, wie diese eindrucksvollen kognitiven Kenntnisse durch genaues Beobachten und Experimentieren erlernt und tradiert werden. Praktisches Experimentieren und religiöser Glaube schlie-

ßen sich jedoch unserer Meinung nach keineswegs aus. Dies zeigt gerade die oben erwähnte innovative Rolle der Regenpriester und auch der Magier, deren naturwissenschaftliche Kenntnisse von Weber bis hin zu Lévi-Strauss gepriesen wurden. Schon Livingstone wurde mit diesem friedlichen Nebeneinander von Zweck- und Wertrationalität konfrontiert, als ihm ein berühmter Regenpriester der Kwena in einem Streitgespräch über die Ursachen des Regens antwortete:

> "I use my medicines, and you employ yours: we are both doctors, and doctors are not deceivers. You give a patient medicine. Sometimes God is pleased to heal him by means of your medicine; sometimes not - he dies. When he is cured, you take the credit of what God does. I do the same. Sometimes God grants us rain, sometimes not. When he does, we take the credit of the charm. When a patient dies, you don't give up trust in your medicine, neither do I when rain falls. If you wish me to leave off my medicines, why continue your own?" (zit. nach Comaroff and Comaroff (1992: 244)

Symbolisch vermittelte Deutungen von Natur und Moral, wie sie etwa in religiöser Verehrung praktiziert werden, und empirisch erworbenes Wissen bilden also erst gemeinsam die Grundlage wirtschaftlichen Handelns gegenüber der Natur. Daran, daß dieses andererseits aber auch eingebettet ist in historisch wandelbare soziale Verhältnisse und Machtbeziehungen, erinnert abschließend die Untersuchung von *Thomas Krings*. Gegenstand seiner Studie ist die Frage nach dem Potential sogenannter afrikanischer Agrarkulturen (vgl. dazu Groeneveld 1984) angesichts beschleunigten Modernisierungsdrucks und keineswegs überwundener Krisen in der Nahrungsmittelversorgung. Am Beispiel der Senoufo im Süden von Mali illustriert Krings zunächst als charakteristische Merkmale einer noch weitgehend intakten "Agrarkultur" die Prinzipien Vielfalt (der Wirtschaftsformen, Nutzpflanzen und Sorten), Differenzierung (entsprechend den lokalen ökologischen Gegebenheiten), und Flexibilität (der Techniken und des Arbeitskalenders). Agrarkulturen werden hier als Versuche einer Nachahmung von Natur gedeutet, als implizite *folk models*, die Kultur (hier: Landnutzung) und Natur in Analogie zueinander sehen. Im Hinblick auf das zentrale Problem der Nahrungssicherung bewirken Agrarkulturen wie die der Senoufo, Krings zufolge, sowohl eine Minimierung von Risiko als auch eine Steigerung von Erträgen.

Krings stellt für die Senoufo einen Zusammenhang zwischen der Stabilität der Agrarkultur mit geo-ökologischen, aber auch sozio-kulturellen Besonderheiten her, darunter einer engen, in kollektiven Identitäten verankerten und auch spirituell vermittelten Beziehung zum Boden. Zugleich bildet die Sozialstruktur der Großfamilie mit ihrer hierarchisch organisierten Arbeitsorganisation auch eine wichtige sozioökonomische Grundlage. Gerade an diesen Punkten, so Krings, setzten in anderen Gebieten, gefördert durch Faktoren wie die Verbreitung der Wanderarbeit (vor allem unter den Jüngeren) und das Vordringen des Islam, Prozesse der Modernisierung und des Zerfalls älterer Agrarkulturen ein. Gleichzeitig wirken sich hier auch staatliche und internationale Nahrungspolitiken negativ aus, so daß sich das Risiko zyklischer Nahrungskrisen weiter erhöht. Die Frage, welche Gegenmaßnahmen von solchen Krisen besonders bedrohte Bevölkerungen ergreifen, wird anhand einer zweiten Fallstudie aus Mali, diesmal aus der Sahelzone, untersucht. Dabei kommt ein ganzes Bündel von "Hungervermeidungsstrategien" zum Vorschein. Diese liegen aber, im Unterschied zu den Agrarkulturen, vor allem in der Staffelung und Umverteilung von Arbeitskraft auf unterschiedliche, darunter monetäre und auch außerlandwirtschaftliche Einkommensformen sowie in Anpassungen des Nahrungskonsums. Ein Abgleiten in eine "Hungerwirtschaft" in Afrika kann nur verhindert werden, so die abschließende Botschaft dieses Beitrags und auch dieses Bandes, wenn die Spielräume für Anwendung und Weiterentwicklung lokalen Wissens und lokaler Praktiken der Aneignung von Natur, auf symbolischer wie auf materieller Ebene, durch entsprechende Rahmenbedingungen erhalten bzw. unterstützt werden.

Literatur

Ardener, Edwin, 1974: Belief and the Problem of Women. In: Jean S. La Fontaine (Hg.), The Interpretation of Ritual. London.
Arhem, Kaj, 1989: Why Trees are Medicine. Aspects of Maasai Cosmology. In: Anita Jacobson-Widding und David Westerlund (Hg.), Culture, Experience and Pluralism. Essays on African Ideas of Illness and Healing. In: Uppsala Studies in Cultural Anthropology, 13, S. 75-82.
Bächthold-Stäubli, Hanns/Eduard Hoffmann-Krayer, 1987: Handwörterbuch des deutschen Aberglaubens. Berlin-New York.
Bargatzky, Thomas, 1986: Einführung in die Kulturökologie. Umwelt, Kultur und Gesellschaft. Berlin.
Bargatzky, Thomas/Rolf Kuschel (Hg.), 1994: The Invention of Nature. Frankfurt/M.
van Beek, Walter E.A./Pieteke M. Banga, 1992: The Dogon and Their Trees. In: Elisabeth Croll/David Parkin (Hg.), Bush Base: Forest Farm. Culture, Environment and Development. London-New York, S. 57-75.
Behrend, Heike, 1987: Die Zeit geht krumme Wege. Raum, Zeit und Ritual bei den Tugen in Kenia. Frankfurt/M.-New York.
- 1993: Alice und die Geister. München.
Beidelman, Thomas, 1986: Moral Imagination in Kaguru Modes of Thought. Bloomington.
Berry, Sara, 1993: No Condition is Permanence. The Social Dynamics of Agrarian Change in Sub-Saharan Africa. Madison.
Bloch, Maurice/Jean H. Bloch, 1980: Women and the Dialectics of Nature in Eighteenth-Century French Thought. In: Carol MacCormack/Marilyn Strathern (Hg.), Nature, Culture, Gender. Cambridge.

van den Breemer, Jan P.M., 1992: Ideas and Usage: Environment in Aouan Society, Ivory Coast. In: Elisabeth Croll/David Parkin (Hg.), Bush Base: Forest Farm. Culture, Environment and Development. London-New York, S. 97-109.
Buckley, Thomas/Alma Gottlieb (Hg.), 1988: Blood Magic: The Anthropology of Menstruation. Berkeley.
Busia, K. A., 1954: The Ashanti of the Gold Coast. In: Daryll Forde (Hg.), African Worlds. Studies in the Cosmological Ideas and Social Values of African Peoples. London.
Cartry, Michael, 1982: From the Village to the Bush. An Essay on the Gourmantché of Gobnangou (Upper Volta). In: Michel Izard/P. Smith (Hg.), Between Belief and Transgression. Structuralist Essays in Religion, History and Myth. Chicago-London.
Comaroff, John/Jean Comaroff, 1992: Ethnography and the Historical Imagination. Boulder.
Croll, Elisabeth/David Parkin (Hg.), 1992: Bush Base: Forest Farm. Culture, Environment and Development. London-New York, S. 97-109.
Csordas, Thomas J. (Hg), 1994: Embodiment and Experience. Cambridge.
Descola, Phillip, 1995: In the Society of Nature. Cambridge.
Dieterlen, Germaine, 1952: Classification des vegetaux chez les Dogon. Journal de la Societé des Africanistes, 22.
Douglas, Mary, 1963: The Lele of Kasai. London.
- 1975: Animals in Lele Religious Symbolism. In: Implicit Meanings. London.
Dyson-Hudson, Neville, 1966: Karimojong Politics. Oxford.
Eder, Klaus, 1988: Die Vergesellschaftung der Natur. Studien zur sozialen Evolution der praktischen Vernunft. Frankfurt/M.
Evans-Pritchard, E. E., 1937: Witchcraft, Oracles and Magic among the Azande. Oxford.
Fardon, Richard, 1990: Between God, the Dead and the Wild. Chamba Interpretations of Ritual and Religion. London.
Fernandez, James W., 1982: Bwiti. An Ethnography of the Religious Imagination in Africa. Princeton.
Friedman, Jonathan, 1979: Hegelian Ecology: Between Rousseau and the World Spirit. In: P.C. Burnham/R.D. Ellen (Hg.), Social and Ecological Systems. New York.
Goody, Jack, 1977: The Domestication of the Savage Mind. Cambridge.
Gordon, Robert J., 1984: The !Kung in the Kalahari Exchange. In: Carmel Schrire (Hg.), Past and Present in Hunter-Gatherer Studies. New York.
Gottlieb, Alma, 1992: Under the Kapok Tree. Identity and Difference in Beng Thought. Bloomington.
Gottlieb, Alma/Phillip Graham, 1994: Parallel Worlds. Chicago: Chicago University Press.
Groeneveld, Sigmar, 1984: Agrarberatung und Agrarkultur. Kassel.
Groh, Ruth und Dieter Groh, 1991: Weltbild und Naturaneignung. Zur Kulturgeschichte der Natur. Frankfurt/M.
Guerry, Vincent, 1970: La vie quotidienne dans un village baoulé. Abidjan.
Harms, Robert, 1987: Games against Nature: an Eco-cultural History of the Nunu of Equatorial Africa. Cambridge.
Helbling, Jörg, 1992: Ökologie und Politik in nicht-staatlichen Gesellschaften. Oder: Wie steht es mit der Naturverbundenheit sogenannter Naturvölker. In: Kölner Zeitschrift für Soziologie und Sozialpsychologie, 44, 2, S. 203-225.
Herzog, Jürgen, 1994: Kolonialismus und Ökologie. Plädoyer für eine historische Umweltforschung. Berlin.
Ingold, Tim, 1986: The Appropriation of Nature: Essays on Human Ecology and Social Relations. Manchester.

Izard, M./P. Smith (Hg.), 1982: Between Belief and Transgression. Structuralist Essays in Religion, History and Myth. Chicago-London.
Jackson, Michael, 1982: Allegories of the Wilderness. Ethics and Ambiguity in Kuranko Narratives. Bloomington.
Jacobson-Widding, Anita (Hg.), 1991: Body and Space. Symbolic Models of Unity and Division in African Cosmology and Experience. In: Uppsala Studies in Cultural Anthropology, 16.
Jacobson-Widding, Anita/David Westerlund (Hg.), 1989: Culture, Experience and Pluralism. Essays on African Ideas of Illness and Healing. In: Uppsala Studies in Cultural Anthropology, 13.
Kramer, Fritz, W., 1987: Der rote Fes. Über Besessenheit und Kunst in Afrika. Frankfurt/M.
Lan, David, 1985: Guns and Rain. Guerillas and Spirit Mediums in Zimbabwe. Berkeley.
Leach, Melissa, 1994: Rainforest Relations. Gender and Resource Use among the Mende of Gola, Sierra Leone. Washington.
Lee, Richard B., 1969: Eating Christmas in the Kalahari. In: Natural History, 14, 2, S. 60-63.
- 1979: The !Kung San. Men, Women and Work in a Foraging Society. Cambridge.
Levy, P. F./M. Segaud (Hg.), 1983: Anthropologie de l'espace. Paris.
Levy-Strauss, Claude, 1965: Das Ende des Totemismus. Frankfurt/M.
- 1973: Das wilde Denken. Frankfurt/M.
Lindenbaum, Shirley/Margaret Lock (Hg.), 1993: Knowledge, Power and Practice. Berkeley.
Luig, Ute, 1986: Naturverständnis und Agrarkultur. Zur Agrarproduktion der Baule in der Elfenbeinküste. In: Peripherie, Zeitschrift für Ökonomie und Politik in der Dritten Welt, 22/23, S. 29-43.
- 1987: Ethnogenese und interne Dynamik der Baule in der Elfenbeinküste (1700-1912). Unv. Habilitationsschrift, Universität Mainz.
- 1990: Sind egalitäre Gesellschaften auch geschlechtsegalitär? Untersuchungen zur Geschlechtsbeziehung in afrikanischen Wildbeutergesellschaften. In: Ilse Lenz/Ute Luig (Hg.), Frauenmacht ohne Herrschaft. Berlin, S. 75- 152.
MacCormack, Carol/Marilyn Strathern (Hg.), 1980: Nature, Culture and Gender. Cambridge.
MacGaffey, Wyatt, 1986: Relgion and Society in Central Africa. Chicago-London.
McCaskie, Thomas C., 1992: People and Animals: Constructing the Asante Experience. In: Africa, 62, 2, S. 220-247.
McLeod, M. D., 1981: The Ashanti. London.
Moscovici, Serge, 1982: Versuch über die menschliche Geschichte der Natur. Frankfurt/M.
Ortner, Sherry, 1974: Is Female to Male as Nature is to Culture? In: M. Rosaldo/Louise Lamphere (Hg.), Woman, Culture and Society. Palo Alto.
Petermann, Werner, 1985: Regenkulte und Regenmacher bei bantu-sprachigen Ethnien Ost- und Südafrikas. Berlin.
Pool, Robert, 1994: Dialogue and the Interpretation of Illness. Oxford: Berg Publishers.
Rattray, R.S., 1927: Religion and Art in Ashanti. Oxford.
Rappaport, R. A., 1967: Pigs for the Ancestors: Ritual in the Ecology of a New Guinea People. New Haven.
Riesman, Paul, 1977: Freedom in Fulani Social Life. An Introspective Ethnography. Chicago.
Ritz-Müller, Ute, 1993: Bäume des Lebens. Zum Naturverständnis in der westafrikanischen Savanne (Burkina Faso). In: Paideuma, 39, S. 163-176.
Rösler, Michael, 1992: Pygmäenforschung und kein Ende? Kritische Betrachtungen zum Verhältnis von Bauern und Bambuti im Ituri-Gebiet von Haut-Zaire. In: E. W. Müller/

A. M. Brandstetter (Hg.), Forschungen in Zaire. In memoriam Erika Sulzmann (7.1.1911-17.6.1989). Münster.

Schlee, Günther, 1992: Ritual Topography and Ecological Use: The Gabbra of the Kenyan/Ethiopian Borderlands. In: Elisabeth Croll/David Parkin (Hg.), Bush Base: Forest Farm. Culture, Environment and Development. London-New York, S. 110-130.

Schmidt, Heike, 1994: "Penetrating" Foreign Lands: Contestations over African Landscapes. A Case Study from Eastern Zimbabwe. Unv. Konferenzpapier, African Studies Association of the UK, Biennial Conference.

Schoffeleers, J. Matthew (Hg.), 1978: Guardians of the Land. Essays on Central African Territorial Cults. Harare.

Scudder, Thayer, 1971: Gathering among African Woodlands Savannah Cultivators. A Case Study: The Gwembe Tonga. Zambian Papers 5, Manchester.

Spittler, Gerd, 1981: Verwaltung in einem afrikanischen Bauernstaat. Das koloniale Französisch-Westafrika. Freiburg.

Strathern, Marilyn, 1980: No Nature, No Culture. The Hagen Case. In: MacCormack/M. Strathern (Hg.), Nature, Culture and Gender. Cambridge, S. 174-222.

- 1992: Reproducing the Future. Anthropology, Kinship and the New Reproductive Technologies. New York.

Tambiah, Stanley J., 1985: Animals are good to think and good to prohibit. In: Ders., Culture, Thought and Social Action. Cambridge (Mass.), S. 169-211.

Turnbull, Colin, 1961: The Forest People. A Study of the Pygmies of the Congo. New York.

Visser, Léontine E., 1977: L'igname, bonne à manger et à penser. Quelques aspects de l'agriculture ahouan (Côte d'Ivoire). In: Cahiers d'Études Africaines, 17, 4, S. 525-544.

Wirz, Albert, 1994: Die Erfindung des Urwalds oder ein weiterer Versuch im Fährtenlesen. In: Periplus, Jahrbuch für Außereuropäische Geschichte, 4.Jg., S. 15-36.

Zwernemann, Jürgen, 1968: Die Erde in Vorstellungswelt und Kultpraktiken der sudanischen Völker. Berlin.

Anmerkungen

1   In der naturalistischen Perspektive wird die gesellschaftliche Aneignung der Natur auf die Überlebensfähigkeit der Gesellschaft in der Natur reduziert. Die Gesellschaftsgeschichte erscheint als Fortsetzung der Naturgeschichte. Aber der Übergang von der Natur zur Kultur erschöpft sich nicht in einer Geschichte der Unterwerfung der Natur (Eder 1988: 28).

2   Eine Ausnahme scheinen die Mbuti und andere Wildbeutergesellschaften zu sein, in deren Vorstellungen der Wald nicht als Wildnis auftaucht, da sie keine bearbeitete Natur kennen.

3   Jacobson-Widding verdeutlicht diese sexualisierte Vorstellung am Beispiel der Maasai: "At regular intervals, a new generation of men will leave the closed space of the homestead to acquire a wild virility in the undomesticated, female bush, where the very source of life is to be found" (1991: 25).

4   Wegkreuzungen spielen in der moralischen Topographie Afrikas eine wichtige Rolle. Sie sind Orte, an denen einen das Böse in Form von Krankheit oder Unglück anfällt und an denen man es selbst wieder in die Wildnis entläßt (vgl. MacGaffey 1986: 116f).

Einleitung 27

5   In der europäischen Naturauffassung spielen Elfen und Feen eine große Rolle, denen z.B. in den Akan-Gesellschaften Ghanas und der Elfenbeinküste die berüchtigten *ssasabonsam* und *mmoatie* entsprechen (vgl. Luig in diesem Band).
6   Auch in der vormodernen europäischen Naturauffasung hat man den Bäumen anthropomorphe Eigenschaften zugesprochen, die in vielerlei Hinsicht mit den hier diskutierten afrikanischen Vorstellungen konform waren. Einige wenige Beispiele sollen genügen: Der Holzfäller bittet den Baum, den er fällen will, vorher um Verzeihung; dem Baumgeist werden Opfer dargebracht; die Bäume reden und singen, sie werden mit Herr und Frau angesprochen (vgl. Bächthold-Stäubli/Hoffmann-Krayer 1987, S. 954-991).
7   Die Dogon gehen davon aus, daß nicht nur die Bäume, sondern auch die Sanddünen, Felsen und Wasserrinnen im Busch wandern. "Only the village stays put as the only fixed point in the Dogon ethnography" (van Beek und Banga 1992: 69; vgl. auch Bächthold-Stäubli und Hoffmann-Krayer 1987).
8   So berichtete ein Mossi-Informant, der einem Baum einen Ast abgehackt hatte, daß ihm der Baum im Traum erschien und ihn fragte: "Warum hast Du meinen Arm abgeschnitten? Du hast mir übel mitgespielt, jetzt werde ich Dich peinigen" (zit. nach Ritz-Müller 1993: 166; siehe dort auch die Tabelle).
9   Zur symbolischen Bedeutung der Tiere bei den Bakongo vgl. MacGaffey 1986: 132-134.
10 Selbst wenn es sich um eine Gegenwelt handelt, bleibt die strukturale Analogie von Natur und Gesellschaft bestehen.
11 Der Begriff *vormodern* wird hier (wie auch in Anmerkung 6) nicht im evolutionistischen Sinne verwendet, sondern als Hinweis auf eine nicht säkularisierte Weltordnung.
12 Der bis in die sechziger Jahre hinein noch gebrauchte Begriff Naturvölker basiert auf solchen Vorstellungen.
13 Teile von Bäumen wie Blätter, Rinden und Wurzeln werden ebenso wie bestimmte Körperteile von Tieren als Medizin verwandt oder als Magie zur Steigerung von Fruchtbarkeit oder Reichtum genutzt. Sehr detailliert dazu MacGaffey 1986.
14 Wegen der Komplexität des Systems können hier nur die Grundlinien in bezug auf die Beziehungen zwischen Pflanzen und Menschen angedeutet werden.
15 Vgl. dazu die Diskussion in Friedman 1979 sowie Bargatzky/Kuschel 1994.
16 Vgl. dazu den kritischen Überblick von Herzog (1994) zur Umweltgeschichte Ostafrikas.
17 Überliefert sind hier vor allem die moralischen Restriktionen, die in egalitären Gesellschaften das Prahlen erfolgreicher Jäger oder Bauern verhindern sollen. Zum Problem der ausgeliehenen Pfeilspitzen und der Forderung nach ethischer Selbstbescheidung, die auch vor den Ethnologen nicht haltmacht, vgl. Lee 1969.
18 Nach Fernandez (1982:108) identifizierten die Fang sechs verschiedene Wachstumsstufen, die sie jeweils mit einer bestimmten Pflanze identifizierten, bis der Wald wiederhergestellt war.
19 Weitere Beispiele aus anderen Gesellschaften ließen sich mühelos anführen, wie z.B. der bedenkenlose Umgang mit Insektiziden auf Baumwollfeldern, das kommerziell organisierte Wildern in afrikanischen Nationalparks oder die Überlegungen einiger Tonga, die Flußpferde im Kariba-See um des schnelleren Profits willen mit Dynamit zu töten.

20 "The point to extract is simple: there is no such thing as nature or culture. Each is a highly relativized concept whose ultimate signification must be derived from its place within a specific metaphysics" (Strathern 1980: 177). Strathern fügte hinzu, daß selbst in der westlichen Gesellschaft Natur und Kultur nicht als *single dichotomy* auflösbar seien (*to resolve*; ebd.: 178), weil ihre Wirkungsweisen ineinander verschränkt seien. Kultur sei kreatives Subjekt und zugleich Gegenstand der Forschung, während Natur immer Ressource und Beschränkung sei.

21 Wir lehnen uns in unserer Schreibweise der Namen afrikanischer Ethnien grundsätzlich an den deutschen Sprachgebrauch an; in der Literatur findet sich neben Aschanti auch Asante oder Ashanti.

22 Ob diese in Mitteleuropa stattgefunden hat, ist angesichts neuerer Diskussionen um die Moderne eher zweifelhaft, da selbst schon Max Weber entsprechende Vorbehalte darüber geäußert hatte.

23 Auch bei den Tugen wird die Stadt als Wildnis eingestuft (vgl. Behrend 1987). Diese Assoziation zeigt einmal mehr die kulturelle Prägung unserer Wahrnehmung, da die Stadt in der europäischen Geschichte der Inbegriff von Kultur ist. Änderungen kündigen sich allerdings auch in unseren Vorstellungen an, wenn wir beispielsweise vom "Asphaltdschungel" sprechen.

Naturaneignung als symbolischer Prozeß in afrikanischen Gesellschaften[1]

Ute Luig

Einführung: Alternativen zum "Belastungsdiskurs"

In seinem 1968 geschriebenen Buch "Versuch über die menschliche Geschichte der Natur" hat Moscovici die Ansicht vertreten, daß die Natur das Grundproblem unseres Jahrhunderts sei, vergleichbar der Diskussion um den Staat im 18. Jahrhundert und der Konstituierung der bürgerlichen Gesellschaft im 19. Jahrhundert (zit. nach Moscovici 1982: 13). Diese damals kaum beachtete These erwies sich als äußerst vorausschauend, da die zahlreichen ökologischen Katastrophen in den letzten Jahrzehnten die Grenzen der Belastbarkeit der Natur und ihrer vorhandenen Ressourcen immer mehr in den Mittelpunkt rückten. Die ökologische Krise leitete daher ein Nachdenken über unser Verhältnis zur Natur ein, das ihre Verdinglichung als bloßes Objekt menschlicher Bedürfnisbefriedigung zunehmend in Frage stellt. Anstelle der rein utilitaristischen Naturbeziehung als Konsequenz eines vorrangig an Verwertungszusammenhängen orientierten Denkens wird ein harmonischerer Umgang mit der Natur verlangt, der deren Eigengesetzlichkeit stärker berücksichtigen soll. Dies sind zumindest Forderungen, die von philosophischer Seite (vgl. Meyer-Abich 1981) oder aus dem grün-alternativen Spektrum erhoben werden. Nicht von ungefähr knüpft deshalb die Suche nach Gegenentwürfen an die Tradition der Romantik an, die das Weltverständnis der sich entfaltenden bürgerlichen Gesellschaft einer radikalen Kritik unterzog und ihr, ähnlich wie Rousseau, die Natur als Antithese gegenüberstellte.

In der Programmatik der Rückkehr zur Natur, die sich heute als Sehnsucht nach der "Wiederverzauberung der Welt" (vgl. Weiß 1986) äußert, wird nicht nur der Wunsch nach einer weniger entfremdeten Lebensweise in der industriellen Gesellschaft formuliert, sondern auch auf die historisch unterschiedlichen Prozesse der Vergesellschaftung von Natur aufmerksam gemacht. In diesem Zusammenhang ist es wichtig, die Geschichtlichkeit von Natur und unsere wechselnden Vorstellungen über sie zu betonen (vgl. dazu Groh und Groh 1991, Mayer-Tasch 1991). Im Unterschied zum bloß utilitaristischen Belastungsdiskurs (vgl. Eder 1988), der den Politik-Dialog bestimmt, betont die philosophisch orientierte Kritik vor allem die kulturellen und symbolischen Dimensionen, die die Auseinandersetzungen der Menschen mit der Natur bestimmen, während Ethnologen und Historiker auch auf ihren religiösen Charakter hinweisen.

Die in unserer Gesellschaft weitgehend verloren gegangenen Aspekte der religiösen Naturbeziehung gilt es wieder ins Bewußtsein zu heben, um die Instrumentalisierung von Natur sichtbar zu machen. Nach Eder (1988) reichen die angesichts der Nicht-Erneuerbarkeit der Ressourcen formulierten Appelle zur Selbstbescheidung für eine grundlegende Korrektur unseres Naturverhältnisses nicht mehr aus, da diese Forderung, gerade weil sie die herrschenden Paradigmen nicht in Frage stellt, bestenfalls zu einer Rationalisierung ihrer Ausbeutung beiträgt. Wegen der Ineffizienz der *ökologischen Moral* gilt es eine *ökologische Vernunft* zu entwickeln, deren Aufgabe nicht mehr darin besteht, "zu sagen, welches das richtige und das falsche Verhältnis zur Natur ist", sondern deren hauptsächliches Anliegen es ist, "über die Illusionen praktischer Vernunft aufzuklären" (Eder 1988: 15). Die Entwicklung eines Begriffs *ökologischer Vernunft* erfordert deshalb eine dreifache theoretische Reflexion, deren Ziel vorrangig darin bestehen müßte,
1. die kulturtheoretische Ahnungslosigkeit in der Beschreibung gesellschaftlicher Naturverhältnisse zu korrigieren sowie
2. den evolutionstheoretischen Blick auf das Verhältnis von Gesellschaft und Natur kritisch zu hinterfragen und
3. einen neuen Rationalitätsbegriff zu entwickeln.[2]

Zu diesem ambitiösen Unterfangen kann die Ethnologie einen wichtigen Beitrag leisten, da die Reflexion über die Beziehungen der Menschen zur Natur in der ethnologischen Theorie-Diskussion schon eine lange Tradition hat (vgl. dazu Bargatzky 1986). Als kulturelle Vermittler fremder Weltanschauungen sind Ethnologen in gewisser Weise prädestiniert, die von Eder monierte kulturtheoretische Ahnungslosigkeit in bezug auf außereuropäische Naturvorstellungen aufzuheben, indem sie die Aneignung von Natur in ihren konkreten und symbolisch-kulturellen Formen beschreiben. Auf diese Weise können sie zumindest die empirischen Grundlagen für die zu entwickelnde ökologische Vernunft erarbeiten helfen.

Ich möchte an diese Problematik anknüpfen und den Umgang verschiedener afrikanischer Gesellschaften mit dem tropischen Regenwald als Prozesse unterschiedlicher Vergesellschaftung von Natur problematisieren. Dabei will ich einerseits zeigen, wie "die symbolische Bedeutung der Natur - jenseits von kognitiver Poiesis und normativer Praxis - in einem Diskurs über die Natur expliziert wird, der Lust und Leid, Hoffnung und Angst mit der Natur thematisiert" (Eder 1988: 58). Besondere symbolische Bedeutung messe ich dabei der Anlage der Siedlungen bei, die in ihrer Grundstruktur die jeweiligen Aspekte von Distanz und Nähe, Angst und Geborgenheit in bezug auf den Wald und die ihn bewohnenden Geister ausdrücken. Außerdem gehe ich der Frage nach, auf welche Weise sich die verschiedenen Völker die "Natur" konkret aneignen, worunter ich die reale Appropriation der Früchte und Tiere des Waldes verstehe, die ich als konsumtive Form von Naturaneignung interpretiere. Ich lehne mich dabei an die Arbeiten von Mary Douglas an, die den Zusammenhang von Eß- und Sextabus, Hygieneregeln und sozialer Etikette problematisierte und insbesondere geschlechtsspezifische Eßtabus als Schnittstelle von "Natur und Kultur" bestimmt hat (vgl. Douglas 1966, 1970).

Diesen Überlegungen liegt die These zugrunde, daß der Umgang mit Natur ebenso wie die Vorstellungen von ihr kulturell produziert und historisch vermittelt sind und von daher Aufschlüsse über alternative Formen symbolischer Naturaneignung zu geben vermögen. Durch die Diskussion des Naturverständnisses von drei sozial und ökonomisch unterschiedlich organisierten Gesellschaften versuche ich das von Eder erhobene Postulat einer kritischen Reflexion des Verhältnisses von Natur und Gesellschaft im Hinblick auf eine evolutionstheoretische Perspektive einzulösen und die Grundlagen für eine zu entwickelnde ökologische Vernunft zu legen.

Der Regenwald im Denken afrikanischer Völker: drei Fallbeispiele[3]

Der Regenwald eignet sich in besonderer Weise für eine solche Untersuchung, da er als das komplexeste, aber auch fragilste Ökosystem der Welt gilt (Richards 1964, Vansina 1990). Vor seiner radikalen Abholzung in den letzten Jahrzehnten bedeckte er große Gebiete von West- und Zentralafrika. Entgegen unserer (landläufigen) Vorstellung vom Regenwald als einheitlichem Biotop umfaßt er verschiedene landschaftliche Zonen, die eine Folge des unterschiedlichen Reliefs, aber auch verschiedener Klimazonen sind. Im Innern wird er sowohl durch große Flußsysteme als auch durch eine Vielfalt von Landschaftstypen gegliedert: Berge und Täler wechseln einander ebenso ab wie Savannen- und Sumpfgebiete. Auf diese Weise vereint er divergente Lebensräume, die durch eine extrem große Mannigfaltigkeit an Pflanzen und Tieren gekennzeichnet sind. Harms (1987: 1) nennt 7000 Arten von Blütenpflanzen und mehr als 100 verschiedene Baumarten, die man auf der Größe einer Fläche von drei Fußballfeldern identifiziert hat. Ein weiteres Kennzeichen des Regenwaldes besteht in seiner vertikalen Stratifizierung, die differentielle Mikroklimata innerhalb des Waldes entstehen läßt. Dadurch daß die Bäume in unterschiedlicher Höhe und Dichte wachsen, entwickeln sich jeweils am Boden, in mittlerer Höhe und in den höchsten Baumwipfeln verschiedene Pflanzen- und Tiergemeinschaften, die in bezug auf Licht-, Wärme- und Nahrungsanforderungen differieren. Die Fragilität ergibt sich dabei zum einen aus der komplexen Interdependenz dieser Habitate, zum anderen beruht sie auf der geringen Bodenkrume, die jeden menschlichen Eingriff gefährlich macht, weil sie das ökologische Gleichgewicht schnell zerstören kann. Vansinas Diktum (1990: 43), daß nicht der Wald die Bewohner - wie in der Kolonialliteratur häufig suggeriert wurde - sondern die Bewohner den Wald töten, bleibt deshalb nicht nur wegen der unvermindert andauernden Abholzung aktuell.

Die regionale Vielfalt des Regenwaldes, die allerdings erst durch neuere Untersuchungen in den Blick geriet, widerlegt den Eindruck endloser Monotonie, der sich insbesonders den europäischen Reisenden des 19. Jahrhunderts als signifikant eingeprägt hatte (vgl. Wirz 1994). Ebenso wenig läßt sich das weit verbreitete Klischee von der Isoliertheit des Regenwaldes und seiner Bewohner aufrechterhalten. Vansina (1990: 43) und Fernandez (1982: 104) heben die Funktion der Flüsse als Kommunikationswege hervor, die zwischen den Dörfern den Austausch von Waren und Informationen ermöglichten. Allerdings überbetont Vansina diese Funktion in seinem Bestreben, die Historizität des Regenwaldes zu belegen, da jene Gebiete, die fernab der Flüsse lagen, tatsächlich über längere Zeiten isoliert blieben (Grinker 1994). Es ist daher aufgrund der regionalen Varianten notwendig, verallgemeinernde Aussagen über den Regenwald durch spezifische lokale Studien zu ersetzen. Aus diesem Grunde habe ich die Mbuti, Lele und Aschanti ausgewählt, die aufgrund ihrer unterschiedlichen gesellschaftlichen Organisation sehr verschiedene Formen der Aneignung und der symbolischen Repräsentation des Waldes entwickelt haben. Neben der Analyse der Vielfalt geht es mir aber auch um die Darstellung von Gemeinsamkeiten, die das Verhältnis dieser Gesellschaften zum Wald auszeichnet.

Die Mbuti

Die Mbuti siedeln als ehemals egalitäre Jäger- und Sammlerinnen im Ituri-Wald in der Republik Zaire. Sie unterteilen sich in mehrere regional unterschiedliche Gruppen (Vansina 1990: 41), die verschiedenen historischen Einflüssen und äußeren Zwängen ausgesetzt waren. Allen gemeinsam ist jedoch, daß sie in mehr oder minder enger Symbiose mit verschiedenen Bauernvölkern leben, die sich am Rande des Waldes niedergelassen haben.[4] Ihre Lebens- und Wirtschaftsweise am Ende der fünfziger Jahre trug der delikaten Balance des Ökosystems des Waldes Rechnung, um es so wenig wie möglich zu beeinträchtigen. Neben dem Sammeln von Blättern, Früchten, Pilzen und Honig ernährten sie sich hauptsächlich von der Jagd, die sie entweder mit Netzen oder mit Pfeil und Bogen[5] betreiben. Wegen der Sicherung des ökologischen Gleichgewichts sind die Gruppen der Mbuti relativ klein; in der Regel umfassen sie nicht mehr als 60 Personen. Eine hohe Flexibilität gestattet ihnen die schnelle Verlegung der Jagdcamps im Wald, wenn die Ressourcen in der unmittelbaren Umgebung erschöpft sind, sowie einen bedarfsorientierten Kontakt zu den Bauerndörfern am Waldrand, mit denen sie enge Klientelbeziehungen unterhalten. Diese beinhalten verschiedene Formen der ökonomischen Kooperation, etwa durch den Austausch von Wild oder Arbeitsleistungen gegen Knollenfrüchte und europäische Konsumgüter, aber auch eine Vielzahl an anderen Dienstleistungen (vgl. dazu Turnbull 1965, Grinker 1994).

Inwieweit es ihnen trotz der engen ökonomischen Kooperation mit den sie umgebenden Bauernvölkern gelang, ihre kulturelle Unabhängigkeit zu erhalten, ist in der ethnologischen Literatur äußerst umstritten. Turnbull (1961) ging in den fünfziger Jahren noch von einer autonomen Jäger- und Sammlerkultur aus, deren ansatzweise Veränderungen nach der Unabhängigkeit er jedoch in einem späteren Text anmerkte (1983). Die kulturelle Selbständigkeit der Mbuti wird jedoch von anderen Forschern wie Vansina (1985), Grinker (1994) und Rösler (1992) kritisiert, die Turnbull eine Romantisierung oder gar Fossilisierung der Mbuti vorwerfen. Während Vansina seinen späteren Text *Change and Adaptation* (1983) nicht zur Kenntnis nimmt, halten Rösler (1992) und Grinker (1994) ihre negative Meinung auch nach dessen Lektüre aufrecht. Trotz heftigen Streites, der eine Parallele in den Auseinandersetzungen über die Isolierung der !Kung San in der Kalahari hat, scheint unbestritten, daß das Leben der Mbuti vermutlich noch bis in die Mitte der fünfziger Jahre dieses Jahrhunderts wesentlich durch ihre Beziehungen zum Wald (*ndura*) geprägt war, während ihre gegenwärtige Situation aufgrund der kommerziellen Erschließung des Regenwaldes und der Einbettung in postkoloniale Verwaltungsstrukturen durch zunehmende Verelendung gekennzeichnet ist (vgl. Grinker 1994 und Sarno 1993). Trotzdem wird aus Sarnos eher unparteiischem Bericht deutlich, daß der Wald auch zum gegenwärtigen Zeitpunkt für die Mbuti eine wichtige emotionale und symbolische Bedeutung hat.

Repräsentationen des Waldes I: Fürsorge und Geborgenheit

Der Wald bildete nicht nur die ökonomische Grundlage ihres Lebens, sondern stellte auch ihren wichtigsten religiösen Bezugspunkt als Gott der Jagd und als "the Great Provider" dar, der für sie die wichtigste Quelle ihrer Existenz und von allem Guten war (Turnbull 1985: 24).[6] Dieses Bild der Fürsorge wird ergänzt durch seine Anrede als Mutter und weniger häufig als Vater; Rollenzuschreibungen, die nach Turnbull situationsspezifisch und abhängig von vorherrschenden Emotionen waren. Während der Vater für die Mbuti eher Autorität verkörpert, assoziieren sie mit dem Bild der Mutter Nahrung, Wohnung, Kleidung und Geborgenheit. In diesen Vorstellungen drückte sich jenes starke emotionale Grundgefühl gegenüber dem Wald aus, das Turnbull (vgl. auch Weiskel 1973) als Zuneigung, Zufriedenheit und Liebe charakterisierte.

Trotz der von Grinker geäußerten Skepsis wird diese Haltung gegenüber dem Wald jedoch auch durch die Beschreibung seiner Gestalt und seiner Form belegt. Der wichtigste Mbuti-Begriff in diesem Zusammenhang ist *ndu*, der von

Mosko (1987: 899) mit Bauch oder Höhle übersetzt wird und auch ein Synonym für Feuer, Vagina und Hütte ist. *Ndu*, das Zentrum des Waldes, galt als ein von den Mbuti ausgespartes kreisförmiges Areal in der Mitte des Ituri, in dem jede Jagdtätigkeit verboten war. Ausgehend von diesem Mittelpunkt schlossen sich dann radial die Gebiete der einzelnen Mbuti-Gruppen an, die am Rande des Regenwaldes durch die Siedlungen und Felder der Bauern begrenzt wurden. Die Mbuti-Lager befanden sich ringförmig im Umkreis von etwa 30 km an der Peripherie des Waldes und korrespondierten auf diese Weise mit der Anordnung von *ndu*, dem Zentrum des Waldes. Analog dazu wiederholte sich dieselbe Struktur in den Lagern bis in kleinste Detail, da sich nicht nur die Hütten einer Familieneinheit jeweils kreuzförmig um ein Herdfeuer, *kuma* genannt, zentrierten, sondern auch die Hütten selbst eine konische Form aufwiesen, die wiederum an einen Bauch oder eine Höhle erinnerte. Diese strukturelle Isomorphie von Wald, Lager und Hütte setzte sich auch in der sozialen Organisation der Mbuti fort, die nach Mosko in Gruppen verschiedenster Komplexität gegliedert waren. Aufgrund der Arbeitsteilung bei der Netzjagd war die Familie die grundlegende Arbeits-, Distributions- und Konsumtionseinheit. Sie war im Vergleich mit anderen Wildbeutergesellschaften, etwa den Hadza oder San, relativ stabil. Mehrere Familien schlossen sich zu einer Lokalgruppe zusammen, die die politisch größte Einheit war, aber keine Führer hatte. Der Zusammenhalt war in den Lokalgruppen - auch wegen der alters- und geschlechtsspezifischen Interdependenz ihrer Mitglieder - recht groß. Die Lokalgruppe wurde Mosko zufolge ebenfalls als *ndu* bezeichnet.

Diese semantisch ableitbare Isomorphie zwischen sozialer und territorialer Organisation belegt m.E. die Grundbefindlichkeit der Mbuti, eins mit dem Wald zu sein, auf überzeugende Weise. Die Einheit mit dem Wald stieß jedoch da an seine Grenzen, wo die Mbuti um ihres eigenen Überlebens willen die Ruhe und den Frieden des Waldes stören mußten. Die Jagd, an der sich außer kleinen Kindern und alten Personen alle Mitglieder eines Lagers beteiligten, erlebten die Mbuti einerseits als aggressiven Akt, weil sie dadurch den Frieden des Waldes verletzten, andererseits empfanden sie sie aber - wie alle Wildbeuter - als lustvoll und aufregend. Wegen des mit ihr verbundenen Prestiges wurde das Jagen höher eingeschätzt als das Sammeln von Früchten, das die Frauen zumeist auf dem Nachhauseweg von der Jagd erledigten. Die Mbuti gehörten nämlich zu den wenigen Jagdvölkern, in denen Frauen und Kinder nicht von der Jagd mit Netzen ausgeschlossen wurden, sondern als Treiberinnen Mitverantwortung für deren Gelingen trugen. Die Frauen verstießen somit ebenso wie die Männer gegen den Frieden des Waldes, der im Begriff *ekimi* ausgedrückt wird. *Ekimi* wird immer im Gegensatz zu *akami* gebraucht, das ein Synonym für Lärm und Konflikt ist. *Akami* ist kennzeichnend für Unfrieden in und mit dem Wald sowie auch innerhalb der Gruppe, die *akami* vor allem als ehelichen Dissens erlebt. In beiden Situationen bedurfte es ritueller Mediatisierung, um die Zerstörung der Harmonie und der Einheit der Menschen mit dem Wald und mit sich selbst wiederherzustellen. In beiden Fällen fiel diese Aufgabe den Kindern und Alten zu, da sie sich am Töten der Tiere nicht beteiligten und deshalb als rein galten.

Die Aneignung der Tiere war also für die Mbuti mit einer "Grenzüberschreitung " verbunden, da sie den Wald durch das Töten der Tiere verunreinigten. Dieser notwendige Konflikt zwischen ihrer eigenen Reproduktion und der des Waldes wurde von ihnen dadurch gelöst, daß die noch reinen Kinder jeden Morgen am Ausgang des Lagers ein Feuer entfachen mußten, dessen Holzkohle aus ihrer Hütte stammte und somit ebenfalls als rein galt. Die Glut wurde mit speziellen Blättern bedeckt, um die Rauchentwicklung zu fördern (Turnbull 1965: 45), da alle Teilnehmer der Jagd durch den Rauch hindurchgehen mußten. Turnbull (1965: 161) deutete diesen Ritus als eine symbolische Geste des Respekts und der Entschuldigung gegenüber dem Wald, in der das Töten als eine Notwendigkeit des menschlichen Lebens dargestellt und begründet wird. Die Quantität der getöteten Tiere war aber nicht beliebig, sondern folgte dem auch von den !Kung San bekannten Ideal der Selbstbegrenzung. Dies bedeutete, daß nur soviele Tiere getötet werden durften, wie für die Erfüllung der Grundbedürfnisse notwendig und für die Aufrechterhaltung der Gleichheit zwischen den *band*-Mitgliedern erforderlich waren. Von daher ist es auch verständlich, daß die von Schebesta erwähnte Anwendung einer speziellen Jagdmedizin zur Steigerung des Jagdglücks von vielen Mbuti - Turnbull zufolge - als antisozial eingeschätzt wurde und häufig zu Konflikten innerhalb der Gruppe führte.

Die Jagdfeuer und das Totenzeremoniell, auf das ich hier nicht näher eingehen kann (vgl. aber Luig 1990), waren die einzig mir bekannten Riten bei den Mbuti, die einen "Dissens" mit dem Wald thematisierten und ihn durch rituelle Kommunikation lösten. Allerdings ist Dissens in diesem Zusammenhang eher ein verfälschender Begriff, da die Mbuti Krankheit und Tod darauf zurückführten, daß der Wald schlafe und durch ihre Gesänge wieder zum Leben erweckt werden müsse. Die grundsätzliche Harmonie zwischen den Mbuti und dem Wald wurde Turnbull zufolge auch durch die Riten bei Geburt und Schwangerschaft bestätigt. Nicht selten zog sich die Schwangere an ihren Lieblingsort im Wald zurück und sang für das noch ungeborene Kind Wiegenlieder, die von der Schönheit und den Wohltaten des Waldes erzählten. Diese "Liebeserklärungen " an den Wald, der von den Frauen wahlweise auch als Geliebte oder als Mutter angerufen wurde, gaben ihnen die Kraft, die Geburt allein im Wald durchzustehen. Die Sexualisierung des Waldes, die sich auch bei anderen Völkern findet (vgl. Schmidt 1994, Kramer 1987) symbolisiert zugleich seine Attraktivität und die dadurch ausgelöste Begehrlichkeit.

Im Unterschied zu den Lele und Aschanti mußten die Mbuti nur wenige Eßtabus beachten. Dies unterstreicht in gewisser Weise ihr freizügiger Umgang mit dem Wald, da beide Geschlechter kaum Verboten unterworfen waren. Der Verzehr der Jagdbeute vollzog sich ebenso wie das Sammeln und Konsumieren von Knollen und Früchten nach denselben Regeln der Gleichheit zwischen den Geschlechtern, die auch ihre sozialen und ökonomischen Beziehungen kennzeichneten. Gemessen an dem einst reichen Wildbestand war die Zahl der nicht-eßbaren Tiere relativ klein, da Turnbull lediglich Leoparden, Büffel und Schimpansen erwähnte. Die Eßtabus wurden einerseits auf die auch für die Mbuti wichtige Differenz zwischen Mensch und Tier zurückgeführt, da z.b. keine Schimpansen gegessen werden durften, weil sie in einer mythischen Vorzeit mit den Menschen vereint gewesen waren. Leopardenfleisch war ebenfalls verboten, weil man annahm, daß Leoparden Menschen fressen und ihr Verzehr daher einen indirekten Akt von Kannibalismus darstellen würde. Andererseits spielten aber auch praktische Erwägungen eine Rolle; so wurde die Gefährlichkeit der Büffel beispielsweise als Grund angesehen, ihr Fleisch als nicht-eßbar einzustufen. Bewertet man Eßtabus - wie Eder (1988: 104) dies tut - als Schnittstellen von Natur und Kultur, dann legen sie für die Symbolisierung von Natur bei den Mbuti ein deutliches Zeugnis ab. Zugleich enthüllen sie aber auch, daß die Gesellschaft als das Bezeichnende nur solche Symbole verwendet, die ihren moralischen und sozialen Regeln entsprechen.

Die Lele

Die Lele leben im südlichen Kasai (Zaire) am Rande des Äquatorialen Regenwaldes. Ihr Territorium war durch dicht bewaldete Täler und kahle Bergkuppen geprägt. Die nicht mehr als 100 Personen umfassenden Dörfer ziehen sich entlang der Flüsse Kasai und Loange, die für ihre räumliche Orientierung von großer Bedeutung sind. Obwohl die Lele unmittelbare Nachbarn der politisch zentralisierten Bushong sind, war ihre politisch Organisation in der vorkolonialen Zeit stark dezentralisiert. Das Dorf verkörperte die größte politisch autonome Einheit. Die Dörfer waren über Verwandtschafts- und Heiratsbeziehungen, Austausch und Handel miteinander verbunden. Trotz vielfältiger Konflikte untereinander und mit ihren Nachbarn versuchten sie die Dörfer möglichst von langfristigen Konflikten und Hexereianklagen freizuhalten. Obwohl man die Lele aufgrund ihrer am Alter orientierten Rangordnung als gerontokratische Gesellschaft bezeichnen kann, waren die Formen institutionalisierter Machtausübung sehr flexibel. Der älteste Mann des Gründerclans wurde zum Dorfchef gewählt, ohne indes über eine wirkliche Entscheidungskompetenz zu verfügen. Die Existenz von Altersklassen hierarchisierte zwar die Beziehungen unter den Männern, doch ging es dabei eher um die Verteilung von Privilegien (Zugang zu Frauen[7] und Luxusgütern) als um die Ausübung von realer Macht über andere Personen. Um die Entstehung dauerhafter

Machtverhältnisse zu verhindern, waren Verwandtschaftsbeziehungen, Altersgrade und Kultmitgliedschaft so reguliert, daß Privilegien, die aus einer Beziehung resultierten, durch das Zusammenspiel mit anderen Institutionen wieder aufgehoben wurden.

Aufgrund ihrer vergleichsweise marginalen Lage im Süden Zaires blieb der Einfluß der Kolonialregierung auf ihre gesellschaftlichen Verhältnisse bis nach dem zweiten Weltkrieg relativ gering. Zwar befolgten die Lele nach einem letzten bewaffneten Widerstand 1933 die Anordnungen der Kolonialregierung soweit wie notwendig, doch entwickelten sie wenig Eigeninitiative, um sich als Lohnarbeiter in den Ölplantagen von Lever zu verdingen oder sich durch neue Formen von Konsum in die kapitalistische Wirtschaft zu integrieren. Douglas (1963) bezeichnete ihre Ökonomie als ein Beispiel für ökonomische Zurückgebliebenheit, da sie im Unterschied zu den benachbarten Bushong ihr ökonomisches Potential nicht voll ausschöpften. Die Gründe dafür waren vielschichtig, hingen aber u.a mit der Form geschlechts- und altersspezifischer Arbeitsteilung und den Vorstellungen über den Kosmos zusammen. Schlechtere Bodenqualität, dünne Besiedlungsdichte, geringere langfristige Investitionen an Zeit, Arbeitskraft und Material und die Vorliebe für kriegerische Razzien waren andere bestimmende Faktoren.

Grundlage ihrer sozialen Organisation war eine im Vergleich zu den Bushong wenig entwickelte Agrarkultur, die auf dem Anbau von Mais als Grundnahrungsmittel basierte und durch andere Nahrungsfrüchte wie Bananen, Maniok, Bergreis, Ananas, Pfeffer und Erdnüssen ergänzt wurde. Neben diesen Nahrungsmitteln, die im Brandrodungsfeldbau angebaut wurden, hatte die Raphiapalme die größte Bedeutung. Ihr kam die Rolle einer Leitpflanze zu, da sie wegen ihrer vielfältigen Verwendungsmöglichkeiten als Faser, Kleidung sowie als Material zum Hausbau und zur Herstellung von Pfeilen eine Vielzahl von Bedürfnissen befriedigen konnte. Besonders geschätzt wurde vor allem auch der aus dem Stamm gewonnene Palmwein, der als Getränk im Alltag und während der Riten als Opfergabe von großer Bedeutung war. Darüber hinaus verarbeiteten sie die Raphiafasern zu Textilien, die wegen ihres ästhetisch-künstlerischen Wertes auch unter den Nachbarvölkern anerkannt waren. Die Multivalenz der Raphiastoffe zeigte sich in ihrer Funktion als Luxusgut, nämlich als Bestandteil des Brautpreises und als Gabe während der Beerdigungsfeierlichkeiten, sowie in ihrer Verwendung als Geld und allgemeine Werteinheit.

Repräsentationen des Waldes II: Fruchtbarkeit und Ambiguität

Trotz der Lage ihres Siedlungsgebietes am Rande des äquatorialen Regenwaldes wurden Jahresablauf, Lebensgefühl und Wertsystem durch ihn bestimmt.

Als Teil der von Gott (*njambi*) erschaffenen Welt war der Wald für ihre Ökonomie ebenso wie für ihre Religion von größter Bedeutung. Der Wald galt den Lele - ebenso wie den Mbuti - als Quelle alles Guten schlechthin. Fruchtbarkeit, Kühle und Ruhe wurden mit ihm, der Domäne der Männer, assoziiert, während das Grasland als unfruchtbar, heiß und weiblich galt. Mit Ausnahme der für die eigene Subsistenz angebauten Erdnüsse wurden alle Nahrungsmittel im Wald angebaut. Fischen, Jagen und die Gewinnung von Salz waren weitere Tätigkeiten, die im Wald verrichtet wurden, wobei der Jagd - disproportional zu ihrem ökonomischen Ertrag - die größte Bedeutung zugemessen wurde. In der Wertschätzung der Jagd als wichtigster ökonomischer Tätigkeit drückte sich das Selbstverständnis der Lele aus. Sie war zugleich ein Barometer für die sozialen Beziehungen der Dorfbewohner untereinander. Denn die Jagd, die neben dem Hausbau die einzige Tätigkeit war, in der junge und alte Männer miteinander kooperierten und Solidarität übten, galt als Indikator für den sozialen Frieden im Dorf und mit den Geistern des Waldes. Ihre kosmologische Verankerung bestimmte deshalb das Wertesystem und das Lebensgefühl der Dorfbewohner in hohem Maße. Mißerfolge bei der Jagd implizierten über den Hunger hinaus die Durchführung von Reinigungsriten, Opferritualen und die eventuelle Bekämpfung von Schadenszauber, die alle als Indikatoren für ein gestörtes Verhältnis zwischen den Menschen und dem Wald galten.

Denn trotz der Verehrung und Wertschätzung, die die Lele dem Wald entgegenbrachten, waren die Beziehungen zu ihm von Ambivalenz geprägt. Wald, Geister und Tiere bildeten eine auf delikater Balance beruhende Einheit. Die Lele fürchteten vor allem die Geister (*mingehe*), die in der Tiefe des Waldes und an den Flußufern wohnten, durch falsches Verhalten zu verletzen und dadurch die Fruchtbarkeit der Frauen, das Jagdglück der Männer und die Gesundheit aller Dorfbewohner zu gefährden. Die Nutzung des Waldes erforderte deshalb die Beachtung vielfältiger ritueller Vorschriften, die im wesentlichen darauf abzielten, die Geister zu respektieren, deren Lebensrhythmus asynchron zu dem der Menschen verlief. Zu den wichtigsten Formen der Ehrerbietung gehörte, wie bei den Mbuti, das Vermeiden von Lärm und Unfrieden innerhalb der Dorfgemeinschaft[8] sowie die Beachtung der Reinheit des Waldes durch das penible Einhalten und Befolgen sexueller Beschränkungen von Männern und Frauen. Deshalb war den Frauen das Betreten des Waldes an jedem dritten Tag untersagt, ebenso zu Zeiten der Menstruation und Geburt, bei Erscheinen des Neumondes und während der Trauerzeit. Auch Männern blieb der Zutritt gelegentlich verwehrt - im Falle von schlechten Träumen etwa - doch maß man einem eventuellen Regelverstoß ihrerseits keine allzu große Bedeutung bei. Für einen Mann bedeutete diese Art von Tabubruch nur ein persönliches Mißgeschick, während Frauen durch ein solches Vergehen die Gesundheit des gesamten Dorfes gefährdeten, da ihre Fruchtbarkeit dadurch zur Disposition stand.

Auch das Verhältnis zu den Tieren war zahlreichen Verboten unterworfen, die auf einem elaborierten System von Vorstellungen und symbolischen Bedeutungen basierten. In den von den Lele erzählten Märchen wurden die Tiere als Bewohner (und Herren) des Waldes beschrieben, die von ihnen nur dann erlegt werden konnten, wenn die Geister zustimmten. Aus diesem Grunde hatten sie keine Skrupel zu töten, da ein Jagderfolg ohne Zustimmung der Geister nicht denkbar war. Ihre Beziehung zu den Tieren des Waldes wurde im wesentlichen durch drei grundlegende Eigenschaften bestimmt, die sie den Tieren zuschrieben: Schamlosigkeit, Fruchtbarkeit und Nicht-Einmischung in die Lebensbedingungen der Menschen. Da Tiere keine Scham (*buhonyi*) besitzen, sind sie den Menschen in dieser Hinsicht unterlegen, übertreffen ihn jedoch durch ihre größere Fruchtbarkeit, die sich vor allem in Mehrfachgeburten zeigt. Die Lele beneideten sie um diese Eigenschaft, da Fruchtbarkeit in ihrer Gesellschaft hoch bewertet wurde und als kostbares Gut galt. Aus diesem Grunde genossen die Eltern von Zwillingen besonderen Respekt, weil man glaubte, daß sie von den Geistern geehrt wurden und deshalb über übernatürliche Fähigkeiten verfügten. Aus diesem Grunde konnten sie ohne Initiation in den Kult der Wahrsager und Priester eintreten. Die dritte Eigenschaft der Tiere, nämlich sich artgerecht zu verhalten, wurde von den Lele zur Grundlage ihres Klassifikationssystems gemacht. In diesem wurden Tiere des Waldes, des Wassers und der Luft von denen des Dorfes (Haustiere) nach bestimmten Kriterien unterschieden: Problematisch und Anlaß für Tabus waren nur solche Tiere, wie z.B. der Pangolin, der diese Kategorien transzendierte. Ihm wurde besondere Macht zugesprochen, die symbolisch so formuliert wurde: "Kum ma wa, the master is dead. Let no one fight" (Douglas 1975: 41), wobei master[9] mit Herr oder auch mit Chef übersetzt werden kann.

Die moralische Ordnung des Dorfes

Wald, Grasland und Dorf als wichtigste Koordinaten der von Gott (*njambi*) erschaffenen Welt unterlagen bei den Lele ideologisch und emotional sehr verschiedenen Bewertungen. Die Dörfer als Teil des Graslandes verkörperten den symbolischen Gegensatz zum Wald, mit dem sie durch ein ausgedehntes Wegenetz verbunden waren. Zwischen den Dörfern und dem Wald lagen ringförmig angelegte Palmhaine, in denen Männer und Frauen getrennt ihren jeweiligen Tätigkeiten nachgingen, die sie häufig gemeinsam mit ihren Geschlechts- und Altersgenossen verrichteten. Die Hitze und Staubigkeit des Dorfes schnitten schlecht im Vergleich mit der Kühle und Dunkelheit des Waldes ab, der auch noch durch die vielfältigen Abwechselungen und Überraschungen als attraktiverer Aufenthaltsort empfunden wurde, während die

Arbeit im Dorf und auf den Feldern in der Savanne als langweilig und monoton galt. Trotz seiner negativen Einschätzung repräsentierte das Dorf die menschliche Ordnung, die vor allem jene zwei Verhaltensweisen hervorhob, die die Menschen von den Tieren unterschied und ihre moralische Überlegenheit begründete: Die Empfindung von Scham (*buhonyi*) und die Vermeidung von Schmutz (*hama*), was sich vornehmlich auf körperliche Ausscheidungen bezog. Die gesamte moralische Ordnung des Dorfes beruhte auf diesen für die Lele zentralen Axiomen. So bestand ein striktes Verbot für beide Geschlechter, domestizierte Tiere, wie Schweine, Ziegen, Katzen oder Hunde, zu essen, obwohl die Lele Fleisch als Bestandteil der Mahlzeit über alles schätzten und eine Mahlzeit ohne Fleisch als Schande einstuften. Douglas (1975) begründete diese Tabuisierung damit, daß im Dorf oder in der Savanne aufgewachsenen Tiere gegen den Grundsatz verstießen, daß alle guten Dinge aus dem Wald stammten. Die Tiere galten als unrein und als anomal, weil sie ihrem eigentlichen Milieu, dem Wald, entfremdet waren. Vornehmlich waren es wiederum die Frauen, die von bestimmten Eßtabus, insbesondere während ihrer Schwangerschaft, betroffen waren. Diese bezogen sich vor allem auf die sogenannten *spirit animals*, worunter Fische und alle im oder am Wasser lebenden Tiere (wie etwa Krokodile und Schweine) fielen, die in enger Beziehung zu den Geistern[10] stehen. Auch einige Pflanzen wurden mit den Geistern identifiziert, weshalb ihr Verzehr oder ihre medizinische Anwendung verboten waren. Douglas nennt hier vor allem die Banane, die wie die Geister niemals stirbt, da ihr Stamm nach dem Abschlagen erneut austreibt.

Die Eßtabus schlossen aber auch Männer ein, die vor allem durch die Mitgliedschaft in den drei verschiedenen Kultgruppen[11], die bestimmten Tieren zugeordnet sind, durchgesetzt wurden. Jede Kultgruppe mußte das Fleisch bestimmter Tiere meiden. Diese Tabuisierung hatte nach Douglas keine ökologischen Gründe, sondern war eng verknüpft mit der Konstruktion ihres Weltbildes und der sozio-politischen Organisation der Gesellschaft. In diesem Zusammenhang spielten die Männer des Pangolin-Kultes eine hervorgehobene Rolle, da sie, ähnlich wie ihr Totemtier, eine Mittlerrolle einnahmen, die es ihnen - wie Luc de Heusch (1981) ausgeführt hat - erlaubte, die politischen Gegensätze in dieser Gesellschaft aufzulösen, die zwischen den Alten und dem Dorfchef existierten. Allerdings bewertet diese Interpretation m.E. den Einfluß der dritten Kultgruppe, der *diviner*, zu gering. Liest man nämlich zwischen den Zeilen von Douglas' Text, dann wird deutlich, daß die *diviner* inoffiziell und in begrenzter Weise Macht ausübten. Diese beruhte sowohl auf dem Monopol der wichtigsten Luxus- und Statusgüter, die beim Eintritt in den Bund an sie "gezahlt" werden mußten, als auch auf der Kontrolle über die heiligsten und mächtigsten Medizinen. Es kann daher nicht verwundern, daß die *diviner* in idealer Weise den Typ der Hexen verkörperten, da diese - trotz ihrer gerontokratischen Struktur in letzter Konsequenz nivellierende - Gesellschaft den Mächtigen nur als Hexer begreifen konnte. Die Herkunft ihrer Medizin aus dem Wald, mußte von daher die *Komplexität* der gegen sie gehegten Ambivalenzen noch verstärken.

Die Aschanti

Das Königreich Aschanti, überwiegend im Waldgebiet Zentralghanas gelegen, erreichte im 19. Jahrhundert seine größte Ausdehnung (vgl. dazu Wilks 1975, Luig 1980). Es gehörte zu den am weitesten entwickelten politischen Gemeinschaften Westafrikas, das neben Kumasi und einem Kernbereich von fünf gleichberechtigten Königtümern *(oman)* aus einer Vielzahl fremder, politisch abhängiger Gesellschaften oder Chiefdoms bestand. Diese bildeten zusammen *Greater Asante*. Wie alle großen Königreiche war Asante ein Vielvölkerstaat, dessen politisch untergeordnete Bevölkerung zumeist aus den Savannen des Nordens stammte. Die hierarchische politische Struktur wurde von verschiedenen sozialen, arbeitsteilig organisierten Schichten getragen: Adel, Bürokratie, Händler, Handwerker, freies Bauerntum und Sklaven bildeten das Rückgrat des Staates, der durch Ämterpatronage, Vergabe von Schürfrechten in den Goldminen, Handelserlasse und einem komplexen Steuersystem Karrieren befördern oder drastisch behindern konnte. Dies galt für Vertreter aller Schichten (Sklaven eingeschlossen), da die Treue zum und Unterstützung des *Asantehene* sowohl politisch (durch Beförderung in der Bürokratie) als auch ökonomisch (Zuteilung von Pfründen) belohnt wurde. Neben der hierarchischen Ordnung des Staates spielten weitverzeigte *matrilineages (mogya)*, die in sieben Klanen zusammengefaßt waren, eine wichtige Rolle, die auf lokaler und regionaler Ebene Einfluß und Macht garantierte.

Eingebettet zwischen dem transatlantischen und dem Saharahandel gehörte Aschanti aufgrund seines Goldreichtums[12] und seines Handelsvolumens, das indes vor allem von muslimischen Händlern erwirtschaftet wurde, zu den reichsten Staaten der Region. Im Kerngebiet des Reiches, das im Regenwald lag, praktizierten die Aschanti eine ökologisch gut angepaßte Agrarkultur (vgl. dazu Wilks 1978), deren Leitpflanze Yams und seit den 1930er Jahren Kakao waren. Außer Yams wurden noch Maniok, Mais, Erdnüsse, Zwiebel und Ingwer angepflanzt, in der für alle westafrikanischen Hackkulturen üblichen Manier des Schwendbaus. Jagen und Sammeln spielten zwar zu Beginn des Jahrhunderts noch eine gewisse Rolle, ohne indes eine vergleichbare Bedeutung wie bei den Mbuti und Lele zu erlangen.

Aschanti Kosmologie

Das Weltbild der Aschanti wurde von einem weitläufigen Götterpantheon geprägt, über dem *onyakopon*, der Schöpfer und Himmelsgott, thronte. Busia (1954), auf dessen Darstellung ich mich hauptsächlich beziehe, übersetzt *onyakopon* mit der Einzige, der Große, der Schöpfer aller Dinge, der Mächtige. Oder auch als der Verläßliche, der Ewige, der Weise. In diesen Ehrennamen zeichnet sich nicht nur die Macht Gottes, sondern auch seine Weltentrücktheit ab, floh er doch einst wegen seines Zorns über eine alte, fufustampfende Frau in den Himmel. Während *onyakopon* fern von den Menschen und ihren Geschicken waltet, standen den Aschanti die zahlreichen Naturgötter (*obosom*) näher, die ihre Macht von *onyakopom* erhielten, um zwischen ihm, den Geistern (*asuman*) und den Menschen zu vermitteln. Die meisten *obosom*, die von den Menschen zur Gewährung von Gesundheit, Reichtum, Kindern und als Unterstützung gegen die Hexen angerufen werden, haben ihren Sitz in markanten Erscheinungen in der Landschaft. So werden alle großen Flüsse, Berge und besonders eindrucksvolle Bäume als Sitz der Götter verehrt. Obwohl die Erde, *asase ya*, nach Busia keine Göttin ist, gilt sie doch als Verkörperung der Fruchtbarkeit und spielt daher in den Agrarkulten eine große Rolle.

Die Erde mit ihren Bäumen und Pflanzen wird von den Aschanti in ihren Bedürfnissen als anthropomorph vorgestellt und entsprechend als Subjekt behandelt. Jeder Eingriff in ihre Struktur, wie z.B. das Fällen von Bäumen zur Anlage neuer Felder, muß durch Entschuldigungsformeln und Opfer vorbereitet werden.[13] Dieser Vorstellung zufolge müssen die Lebenden mit der Erde ein partnerschaftliches Verhältnis unterhalten, das von den Ahnen einst begründet wurde. Die Partnerschaft basierte auf tradierten Regeln, die der Erde Ruhetage garantierten sowie Opfer vor und nach der Ernte (Yamsfest) vorschreiben. Ihre Nichtbeachtung hatte für die Menschen negative Folgen, die sich zumeist in Krankheit, Mißernten oder Unfruchtbarkeit äußerten. Reglementiert war auch der Verzehr der Nahrung, die allerdings nicht geschlechtsspezifisch, sondern durch die *ntoro*-Gruppen bestimmt wurde (Busia 1954). Unter *ntoro* verstehen die Aschanti die spirituelle Bindung zwischen Vater und Sohn, die durch den Samen vermittelt wird und zur Formung der Persönlichkeit des Kindes beiträgt. Darüber hinaus entsprechen die *ntoro* aber auch einer Kultgemeinschaft, da sich jede patrilineare Einheit an eine Gottheit (*obosom*) bindet (vgl. dazu Kramer 1987: 47).

Repräsentationen des Waldes III: Distanz und Entfremdung

Der Wald nahm in diesem gott- und geistbeseelten Kosmos eine gewisse Sonderstellung ein, da er hauptsächlich als ein Ort der Bedrohung wahrgenommen wurde. Man schrieb die Gefahr hauptsächlich den Riesen und Zwergen zu, die im Wald leben. Die Riesen (*sasabonsam*) und die Zwerge (*mmoatie*) verkörperten sowohl durch ihr Verhalten als auch durch ihr Aussehen das Gegenteil der menschlichen Ordnung. *Sasabonsam*, ein langhaariges rotes Monster mit rückwärts gewandten Füßen, lebt auf den höchsten Bäumen, von wo aus es die Menschen verschlingt, während die *mmoatie* für ihre gemeinsamen Angriffe auf Jäger oder verirrte Personen berüchtigt sind. Ihre rote Körperfarbe signalisiert Gefahr, während ihre langen Haare Ausdruck von Schmutz und Unkontrolliertheit sind. Das Bedrohliche an ihnen wird jedoch vor allem durch ihre Nähe zu den Hexen gesteigert, die ebenfalls im Wald leben und zuweilen sexuelle Beziehungen mit *sasabonsam* unterhalten. Auf Waldlichtungen abgehaltene kannibalistische Mahle (vgl. Kramer 1987), bei denen den Hexen nahestehende matrilineare Verwandte verspeist werden, lassen den Wald als Gegenwelt zum Dorf erscheinen.

Die Vorstellungen über die Gefährlichkeit des Waldes führten dazu, daß sich nur noch Jäger und besessene PriesterInnen oder Propheten von den im Wald gelegenen Dörfern tiefer in den Wald hineinwagten. Das Jagen blieb deshalb nur besonders mutigen und unternehmungslustigen Männern vorbehalten, die einen Pakt mit den Geistern geschlossen hatten, wie dies auch von den Baule (vgl. dazu Etienne 1966) bekannt ist, die ebenfalls zu den Akanvölker gehören. Frauen waren hingegen grundsätzlich von der Jagd ausgeschlossen und durften den Wald auch während ihrer Menstruation nicht betreten. Allerdings mußten sich auch die Jäger Verboten unterwerfen, um im Wald Sicherheit und Erfolg zu finden. Dazu gehörten Opfer an die Geister des Waldes und sexuelle Enthaltsamkeit vor Beginn der Jagd. Aufgrund der Gefährlichkeit des Waldes gerieten die Jäger und Priester in eine ambivalente Position. Man respektierte sie zwar wegen ihres Mutes, doch wurden sie mit der Gefährlichkeit ihrer Bündnispartner assoziiert, wodurch sie den Menschen verdächtig wurden. Gerade diese Ambiguität ermöglichte es ihnen, die Geister des Waldes mit der Welt der Menschen zu verbinden.

In der Siedlungskonzeption der Aschanti zeigte sich ein deutliches Bemühen, die Bedrohung des Waldes sowohl rituell als auch durch geplante bauliche Maßnahmen zu mediatisieren. Da der Wald für sie Wildnis und Gesetzlosigkeit verkörperte, grenzten sie sich in der Anlage ihrer Dörfer, Städte und der sie umgebenden Felder konsequent ab. Im Gegensatz zum Wald verkörperten Dorf und Stadt als Orte des menschlichen Zusammenlebens Ordnung und Moral. Dieser moralische Anspruch wurde auch symbolisch umgesetzt. So zeichneten sich im 19. Jahrhundert alle Dörfer und Städte, die durch breit angelegte Straßen erschlossen wurden, durch peinlichste Sauberkeit aus. Die Straßen wurden durch Schattenbäume (*gyannua*) rechts und links der Straßenmitte begrenzt, die Aufschluß über das Alter jeder Siedlung gaben. Jeder Chief war verpflichtet, bei Amtsantritt einen Baum zu pflanzen, der Zeichen seiner rechtmäßigen Herrschaft war und der Siedlung Eigenständigkeit verlieh. Nur in solch anerkannten Siedlungen[14] durften Zeugung und Geburt, Verehrung der Ahnen und Götter, Rechtsprechung und politische Entscheidungen stattfinden. "The tree was part of the town's moral state" (Mc Leod 1981: 30). Die Schattenbäume gaben somit Aufschluß über den moralischen Zustand der Stadt oder des Dorfes. Die Aschanti assoziierten mit ihnen den Begriff *dwo*, den McLeod als *spiritual coolness* übersetzt und der an die Farbe weiß als Zeichen des Friedens gebunden war. Im Unterschied zu den Lele symbolisierte die Ordnung des Dorfes für die Aschanti einen Zustand von Ruhe und Frieden, in dem die Antinomie zum Wald als Ort der Wildnis nochmals physisch ausgedrückt wurde. Dieser symbolischen Abgrenzung von Wald und Dorf entsprach auch eine bewußte räumliche Trennung. Obwohl die Aschanti-Dörfer Inseln inmitten der Weitläufigkeit des Waldes bildeten, gingen sie nicht allmählich in diesen über. Vielmehr trennte eine Zwischenzone (*kurotia*) beide Bereiche voneinander, um dadurch auch ihre andere Bewertung zu unterstreichen. In diesem Zwischenbereich befanden sich nach McLeod die Dorflatrinen, Abfallhaufen sowie die Menstruationshütten der Frauen. Alle diese Orte verkörperten Schmutz und rituelle Unreinheit, die auch von den Gräbern jener Toten ausgingen die als noch nicht oder nicht mehr vollwertige Personen gestorben waren. Dazu zählte man Säuglinge, sterile Frauen, Kriminelle und Hexen. Die Zwischenzone zwischen Wald und Dorf hatte daher eine doppelte Funktion: sie ermöglichte sowohl die Entfernung gesellschaftlich bedrohlicher Elemente als auch die Errichtung einer Schutz- und Pufferzone, da die Aschanti glaubten, daß eine solche Anhäufung von spiritueller Unreinheit ihre Feinde von dem Betreten des Dorfes abhalten würde. Entsprechend dieser Logik versuchten sie sich vor den Überfällen der englischen Kolonialtruppen durch die Anhäufung von Schmutz und Unrat auf allen Zugangswegen des Dorfes zu sichern.

Zusammenfassung

Die Beschreibung der Naturvorstellungen der Mbuti, Lele und Aschanti hat deutlich gezeigt, welch vielfältige Möglichkeiten verschiedene Gesellschaften im Umgang mit dem Wald und zur Sicherung ihrer Reproduktion entwickelt haben. In allen untersuchten Gesellschaften galt der Wald als wichtigste Ressource für das menschliche Überleben, der Nahrungsmittel, Wasser, Medizin und verschiedenartigste Materialien, wie Feuer- und Bauholz, bereitstellte. Darüber hinaus garantierte er grundsätzlich das Wohlergehen der Menschen, indem er ihnen Fruchtbarkeit, Gesundheit und Erfolg schenkte, solange sie die moralischen Normen beachteten. Diese Übereinkunft beinhaltete, daß die Menschen dem Wald und den in ihm lebenden Geistern, Tieren und Pflanzen

Respekt bezeugten, auf ihre Wünsche eingingen und Fehlverhalten oder Tabuverletzungen durch Opfer und Riten sühnten. Allerdings hatten die Menschen auch die Möglichkeit, die Beziehungen zu den Geistern aufzukündigen, wenn diese sich als nicht mächtig genug erwiesen (vgl. Etienne 1966). Diese Wahlfreiheit machte zugleich deutlich, daß die Menschen trotz aller Abhängigkeiten die Dynamik ihrer Beziehung zur Natur selbst bestimmten und gestalteten.

Die Interaktion zwischen den Menschen und dem Wald steht somit im Mittelpunkt der Konstruktion afrikanischer Naturvorstellungen. Dabei ergeben sich je nach Gesellschaftsordnung eher reziproke (Mbuti) oder hierarchische Beziehungen (Lele, Aschanti). Auffallend an den hier vorgestellten Beispielen ist jedoch, daß alle Gesellschaften dem Wald eine moralische Ordnungskraft zuwiesen, unabhängig davon, ob sie ihn als Parallel- oder Gegenwelt zur eigenen Gesellschaft konstruierten. Diese zeigte sich zum einen in den Symbolisierungen der Natur zur Differenzierung gesellschaftlicher Prozesse. In allen hier behandelten Gesellschaften wurde die Differenz zwischen den Menschen sowie zwischen Mensch und Natur durch die kulturelle Konstruktion ihrer Eß- und Sextabus ausgedrückt. Die Klassifikation von Tieren erwies sich in diesem Zusammenhang als elaborierte Darstellung kultureller Normen, die einen tiefen Einblick in das jeweilige Selbstverständnis der betreffenden Gesellschaft gaben.

Aus den von mir nur sehr kursorisch dargestellten Eßtabus, die die konsumtive Aneignung bestimmten, geht hervor, daß nicht die Natur, sondern die Kultur das Bezeichnende ist. Eßtabus strukturieren durch die in ihnen enthaltenen moralischen Normen die Aneignung der Natur im Sinne gesellschaftlicher Wertvorstellungen. Sie vermitteln Identitäten, indem sie die Besonderheit einer bestimmten Gruppe in der Abgrenzung zu anderen bezeichnen. Auf diese Weise werden Grenzlinien zwischen der sozialen Ordnung der Menschen und der sozialen Ordnung der Natur gezogen. Eß- und Sextabus konturieren die Welt der Menschen genauer, indem sie eine Art Bewußtwerdungsprozeß über die Differenz der von Menschen und von Geistern geschaffenen Ordnungen einleiten, diese also prinzipiell erst erschaffen.

Zum anderen zeigte sich die moralische Ordnungskraft der Natur auch in der belohnenden oder strafenden Reaktion des Waldes oder der in ihm wohnenden Geister. Dieses grundsätzlich andere Verhältnis zum Wald verdeutlicht jedoch auch, daß anstelle unseres Belastungsdiskurses in diesen Gesellschaften ein moralischer Diskurs geführt wird. Dürren, Epidemien, Krankheit, abnehmende Fruchtbarkeit werden nicht auf naturwissenschaftliche Ursachen zurückgeführt, sondern als Reaktion auf Respektlosigkeit und Tabubrüche diagnostiziert. Belastung von Natur wird daher nicht als Problem von Übernutzung oder Ausbeutung wie in unserer Gesellschaft wahrgenommen, sondern als moralisches Fehlverhalten der Menschen. Auf diese Weise stellen afrikanische Vorstellungen über Natur für einen kulturell informierten Begriff ökologischer Vernunft eine wichtige Ergänzung dar, obwohl sie allein zur Lösung der Umweltproblematik ebenfalls nicht ausreichen. Naturwissenschaftliche Erkenntnisse und emische Vorstellungen müssen miteinander verbunden werden, um der Komplexität des Problems gerecht zu werden.

Welche Erkenntnisse lassen sich aus Eders zweitem Anliegen, dem kritischen evolutionstheoretischen Blick auf das Verhältnis von Gesellschaft und Natur, ziehen? Der differenzierte Umgang mit der Natur in den entsprechenden Gesellschaften könnte im Hinblick auf die Zunahme von Verboten und der Ausgrenzung bestimmter Personen zu ihren Ressourcen - Spezialisierung von Wissen, Kontrolle über Medizin - auch als Prozeß der Ausdifferenzierung oder im Sinne von Elias als Aspekt des Zivilisationsprozesses interpretiert werden, da die Natur einer immer stärkeren gesellschaftlichen Kontrolle unterworfen und durch diesen Prozeß der Vergesellschaftung allmählich ihrer Eigenständigkeit beraubt wird. Gleichwohl wird an den von mir beschriebenen Beispielen gerade deutlich, daß dieser Prozeß nicht einlinig verläuft, sondern durch erhebliche Ambivalenzen gekennzeichnet ist. Diese wurden am deutlichsten in der emotionalen Haltung dem Wald gegenüber erkennbar. In den hier vorgestellten Beispielen waren die Mbuti[15] die einzige Gesellschaft, die dem Wald angstfrei begegneten und dies durch einen Diskurs über Verwandtschaft, Liebe und Zuneigung ausdrückten, während in den Diskursen der Lele und Aschanti das Bedrohungspotential des Waldes hervorgehoben wurde. Daß diese Bewertung in bäuerlichen Gesellschaften weit verbeitet ist, wird auch durch die Metaphern von Kampf und Konflikt symbolisiert, in denen die Fang ihr Verhältnis zum Wald beschreiben (Fernandez 1982, vgl. auch Streiffeler in diesem Band). Dieser Distanzierung entsprach auch eine differenzierte Unterteilung in verschiedenartige, mehr oder minder gefährliche Zonen mit unterschiedlichen Nutzungsweisen, die in dieser Form in Wildbeutergesellschaften nicht existieren. Diese grenzen ihre Dörfer in der Regel symbolisch nicht von der umliegenden Natur durch komplexe territoriale Einteilungen ab, sondern sehen ihre Lager (camps) als unmittelbaren Teil der Natur (vgl. dazu Martin 1978). Obgleich also unterschiedliche Formen von emotionaler und kognitiver Distanz und Nähe in verschiedenen Gesellschaften vorhanden sind, verdeutlichen die von mir beschriebenen Beispiele, daß größere Naturbeherrschung in Form differenzierterer Arbeitsteilung nicht unbedingt mit größerer Unabhängigkeit von der Natur einhergeht, sondern eher das Umgekehrte der Fall ist.

Außerdem lassen sich diese Unterschiede nicht nur in Gesellschaften unterschiedlichen Strukturtyps, sondern auch in solchen mit analogen Strukturen feststellen, wie zum Beispiel durch die z.T. entgegengesetzte Bewertung des Waldes in Bauerngesellschaften deutlich wurde. Dieser Befund bestätigt die in der Einleitung diskutierte These, daß die kulturelle Konstruktion der Natur keine bloße Widerspiegelung gesellschaftlicher Prozesse und wirtschaftlicher

Aneignung ist, sondern auch das Resultat historischer Erfahrungen und kultureller Entscheidungsprozesse. In bezug auf meine Ausgangsfrage ist deshalb festzuhalten, daß in allen Gesellschaften Formen symbolischer Aneignung von Natur existieren, aber durch unterschiedliche Inhalte bestimmt sind. Diese Aussage schließt auch unsere eigene Gesellschaft mit ein, wie das folgende Zitat von Eder (1988: 23) verdeutlicht:

> "Die Moderne enthält eine grundlegende Ambivalenz gegenüber der Natur, die bereits die traditionalen Gesellschaften gekennzeichnet hat. Sie ist Träger einer neuen Sensibilität gegenüber der Natur: sie ästhetisiert und moralisiert Natur. Sie ist aber auch Träger des industriellen Modells der Ausbeutung und Unterdrückung der Natur; sie behandelt Natur als Gegenstand ohne Recht. Jenes doppelte Verhältnis verbietet die Vorstellungen eines einlinigen und eindeutigen Prozesses der Rationalisierung in der Moderne "

Aus dem Vergleich mit unserer eigenen Gesellschaft wird zugleich die Historizität des Naturverständnisses belegt, die ich hier nur andeuten, aber nicht weiter ausführen konnte. In der Einleitung zu diesem Band habe ich indes dargelegt, wie die Baule und andere Akanvölker ihre Symbolisierung von Natur ändern, wenn sie nicht mehr eigenständig über die Bedingungen ihrer Produktion entscheiden können. Ihre pragmatische Haltung bestätigt, daß Naturvorstellungen Teil eines interaktiven dynamischen Aushandlungsprozesses sind, der von internen und externen Machtprozessen ebenso abhängig ist wie von historischen Konstellationen.

Literatur

Bargatzky, Thomas, 1986: Einführung in die Kulturökologie. Umwelt, Kultur und Gesellschaft. Berlin.
Busia, K. A., 1954: The Ashanti of the Gold Coast. In: Daryll Forde (Hg.), African Worlds. Studies in the Cosmological Ideas and Social Values of African Peoples. London.
Cartry, M., 1982: From the Village to the Bush. An Essay on the Gourmantché of Gobnangou (Upper Volta). In: Michel Izard/P. Smith (Hg.), Between Belief and Transgression. Structuralist Essays in Religion, History and Myth. Chicago-London.
De Heusch, Luc, 1981: Why Marry Her? Society and Symbolic Structures. London.
Douglas, Mary, 1954: The Lele of Kasai. In: Daryll Forde (Hg.), African Worlds. Studies in the Cosmological Ideas and Social Values of African Peoples. London, S. 1-26
- 1963: The Lele of Kasai. London.
- 1975: Animals in Lele Religious Symbolism. In: Implict Meanings. London, S. 27-46.
Eder, Klaus, 1988: Die Vergesellschaftung der Natur. Studien zur sozialen Evolution der praktischen Vernunft. Frankfurt/M.

Etienne, Pierre, 1966: Phénomènes religieux et facteurs socio-économiques dans un village de la région de Bouaké, Cote d'Ivoire. In: Cahiers d'Etudes Africaines, 23, VI, 3, S. 367-401.
Fernandez, James W., 1982: Bwiti. An Ethnography of the Religious Imagination in Africa. Princeton (vor allem S. 101).
Gottlieb, Alma, 1994: Under the Kapok Tree. Identity and Difference in Beng Thought. Bloomington.
Grinker, Roy R., 1994: Houses in the Rainforest. Ethnicity and Inequality among Farmers and Foragers in Central Africa. Berkeley.
Groh, Ruth/Dieter Groh, 1991: Weltbild und Naturaneignung. Zur Kulturgeschichte der Natur. Frankfurt/M.
Harako, R., 1976: The Mbuti as Hunters. A Study of Ecological Anthropology of the Mbuti Pygmies. In: Kyoto University African Studies, 10, S. 37-99.
Harms, Richard, 1987: Games against Nature. An Eco-Cultural History of the Nunu of Equatorial Africa. Cambridge.
Kramer, Fritz, 1987: Der rote Fes. Über Besessenheit und Kunst. Frankfurt/M.
Leach, Melissa, 1994: Rain Forest Relations. Gender and Resource Use among the Mende of Gola, Sierra Leone. Washington.
Levy, P.F./M. Segaud (Hg.), 1983: Anthropologie de l'espace. Paris.
Luig, Ute, 1980: Konstitutionsbedingungen des Aschanti-Reiches. Zentralisierungsprozesse politscher Herrschaft: Von den Akan-Staaten zum Aschanti-Reich. In: R. Hanish/ R. Tetzlaff (Hg.), Historische Konstitutionsbedingungen des Staates in Entwicklungsländern. Frankfurt/M., S. 118-186.
- 1986: Naturverständnis und Agrarkultur. Zur Agrarproduktion der Baule in der Elfenbeinküste. In: Peripherie, Zeitschrift für Ökonomie und Politik in der Dritten Welt, 22/23, S. 29-43.
- 1987: Ethnogenese und interne Dynamik der Baule-Gesellschaft, 1700-1912. Unv. Habil.-Schrift, Universität Mainz.
- 1990: Sind egalitäre Gesellschaften auch geschlechtsegalitär? Untersuchungen zur Geschlechterbeziehung in afrikanischen Wildbeutergesellschaften. In: Ilse Lenz/Ute Luig, Frauenmacht ohne Herrschaft. Berlin, S. 75-152.
Martin, Calvin, 1978: Keeper of the Game. Indian-Animal Relationships and the Fur trade. Berkeley.
Mayer-Tasch, Peter Cornelius, 1991: Natur denken. Eine Genealogie der ökologischen Idee. 2 Bde. Frankfurt/M.
McCaskie, T.C., 1992: People and Animals: Constructing the Asante Experience. In: Africa, 62, 2, S. 220-247.
McLeod, M.D., 1981: The Ashanti. London.
Meyer-Abich, K.M./B. Schefold, 1981: Wie möchten wir in Zukunft leben? München: Beck.
Moscovici, S., 1968: L'histoire humaine de la nature. Paris.
- 1982: Versuch über die menschliche Geschichte der Natur. Frankfurt/M.
Mosko, M. S., 1987: The Symbols of "Forest": A Structural Analysis of Mbuti Culture and Social Organization. In: American Anthropologist, 89, S. 896-913.
Rattray, R.S, 1927: Religion and Art in Ashanti. Oxford.
Richards, Paul W., 1964: The Tropical Rain Forest. London.
Rösler, Michael, 1992: Pygmäenforschung und kein Ende? Kritische Betrachtungen zum Verhältnis von Bauern und Bambuti im Iturigebiet von Haut-Zaire. In: E.W. Müller/ A.M. Brandstetter (Hg.), Forschungen in Zaire. In memoriam Erika Sulzmann (1911-1989). Münster.

Sarno, Louis, 1993: Der Gesang des Waldes. Mein Leben bei den Pgymäen. München.
Schebesta, Paul, 1938: Die BaMbuti Pygmäen vom Ituri. Bd. 1. Brüssel.
- 1941: Die BaMbuti Pygmäen vom Ituri. Bd. 2. Brüssel.
Schmidt, Heike, 1994: "Penetrating" Foreign Lands: Contestations over African Landscapes. A Case Study from Eastern Zimbabwe. Unv. Konferenzpapier, African Studies Association of the UK, Biennial Conference.
Turnbull, Colin, 1961: The Forest People. A Study of the Pygmies of the Congo. New York.
- 1965: Wayward Servants. New York.
- 1983: The Mbuti Pygmies. Change and Adaptation. New York.
- 1985: The Human Cycle. London.
Vansina, Jan, 1985: L'homme, les forêts et le passé en Afrique. In: Annales, 6, S. 1307-1334.
- 1990: Paths in the Rainforest. Toward a History of Political Tradition in Equatorial Africa. Madison, Wisc.
Weiskel, Timothy C., 1973: Nature, Culture and Ecology in Traditional African Thought Systems. In: Cultures, 1, 2, S. 123-144 (Unesco, Paris).
Weiß, J., 1986: Wiederverzauberung der Welt? Bemerkungen zur Wiederkehr der Romantik in der gegenwärtigen Kulturkritik. In: F. Neidhardt/M.R. Lepsius/J. Weiss Hg.), Kultur und Gesellschaft. Kölner Zeitschrift für Soziologie und Sozialpsychologie, Sonderheft 27, S. 286-301.
Wilks, Ivor, 1975: Asante in the Nineteenth Century. The Structure and Evolution of a Political Order. London.
- 1978: Land, Labour, Capital and the Forest Kingdom of Asante: A Model of Early Change. In: J. Friedman/M. J. Rowlands (Hg.), The Evolution of Social Systems. Pittsburgh, S. 488-534.
Wirz, Albert, 1994: Die Erfindung des Urwalds oder ein weiterer Versuch im Fährtenlesen. In: Periplus, Jahrbuch für Außereuropäische Geschichte, 4.Jg., S. 15-36.

Anmerkungen

1 Dieser Text wurde im wesentlichen im Sommer 1989 geschrieben. Er reflektiert noch deutlich den Einfluß von Weiskel (1973) und Eder (1988), obwohl ich mich in dieser überarbeiteten Fassung bemühe, auf die Weiterentwicklung in der Theorie-Diskussion einzugehen.
2 Außerdem müßten m. E., über Eder hinausgehend, auch noch die internationalen Macht- und Herrschaftsverhältnisse mit einbezogen werden, unter denen sich diese ökologische Vernunft entfalten soll, da der Umgang mit Natur nicht mehr nur in die Verantwortung von Nationalstaaten fällt. Allerdings kann ich diese Forderung wegen der schlechten Quellenlage in diesem Beitrag nicht einlösen.
3 Die Daten der meisten hier zitierten Arbeiten beziehen sich, wenn nicht anders ausgewiesen, auf die fünfziger und sechziger Jahre. Dies gilt vor allem für die Darstellung der Lele, für die ich als einzige Quelle die Forschungen von Mary Douglas heranziehe, während über die Mbuti in den letzten Jahren eine reichhaltige Literatur erschienen ist. Die Studien über die Aschanti sind zeitlich weiter gefächert. Allen Arbeiten ist jedoch gemeinsam, daß es sich lediglich um *historische Momentaufnahmen* handelt und nicht um unwandelbare traditionelle Verhältnisse.

4 Meine Darstellung konzentriert sich im wesentlichen auf die von Turnbull beschriebenen Epulu-Mbuti, der sich am ausführlichsten mit den Vorstellungen der Mbuti über den Wald beschäftigt. Eine ausführlichere und vor allem vergleichende Analyse findet sich in Luig 1990.

5 Die Jagd mit Netzen oder Bogen ist indes mehr als nur eine Technik, da sie unterschiedliche Lebensformen impliziert, wie Harako (1976) gezeigt hat.

6 Gerade diese Auffassung kritisiert Grinker als romantisierend und zweifelt die religiöse Bedeutung des Waldes für die Mbuti mit einem Hinweis auf fehlende sprachliche Fundierungen durch Turnbull an. Obgleich auch Mosko (1987) keine linguistischen Hinweise auf die religiöse Verehrung des Waldes gibt, so belegt er doch mit seinen Wortfeldanalysen m.E. in überzeugender Weise die Identifikation der Mbuti mit dem Wald.

7 Wegen der vergleichsweise hohen Polygynie schob sich das Heiratsalter für die jungen Männer weit hinaus; Mitglieder einer Altersgruppe brachten daher einen gemeinsamen Brautpreis für eine Frau auf (village wife), deren sexuelle Dienste sie teilten. Diese Frauen galten keineswegs als Prostituierte, sondern genossen innerhalb der Dörfer einen hohen Rang (vgl. Douglas 1963: Kap. 7).

8 Wurde der Friede gebrochen, galt das Dorf als schlecht (*womyi*), das auch "verdorben sein" implizierte.

9 Die Identifikation von Tieren mit politischen Führungsrollen ist auch aus anderen Gesellschaften bekannt: In Zentralafrika gelten z.B. Löwen als Inkarnationen von Chiefs.

10 Auch der bush buck gilt als spirit animal, weil er wie die Geister tagsüber schläft und nachts aktiv ist.

11 Ihre Namen lauten *Begetters, Pangolin* und *Diviners*. Während die erste Gruppe (begetters) lediglich durch Eßtabus und jüngere Mitglieder definiert war, übernahmen die meist älteren männlichen Mitgliedern in den beiden anderen Kulten (pangolin, diviner) wichtige Rollen bei der Heilung und Schlichtung von Konflikten. Diesen Kulten fiel daher primär eine religiöse Rolle zu.

12 Das Gold wurde zu Schmuck und Regalien verarbeitet, zirkulierte im Fernhandel aber auch als Ware und Geld.

13 Vergleichbare Praktiken in Westeuropa werden im Handwörterbuch des deutschen Aberglaubens unter dem Stichwort Bäume aufgezählt.

14 Vgl. dazu ebenfalls die Regelung bei den Baule (Luig 1987, Gottlieb 1994).

15 Die Mbuti sind nicht die einzigen Wildbeuter, deren Verhältnis zur Natur durch besondere Harmonie und Sicherheit geprägt ist (vgl. dazu Martin 1978), allerdings gibt es auch andere Beispiele, da der Kultheroe der San ein Trickster ist.

Wo liegt Gottes Segen?
Natur und Arbeit bei Nomaden der Sahara

Georg Klute

Einleitung

Aus Berichten über traditionelle Nomadengesellschaften kann man leicht den Eindruck gewinnen, als seien all ihre Akteure besonders naturverbundene Geschöpfe. Mensch und Tier wandern in prekären, ja eigentlich lebensfeindlichen Umwelten auf der Suche nach Weide und Wasser umher und können nur überleben, so wird argumentiert, weil sie sich diesen Bedingungen hervorragend angepaßt haben. Sie nutzten die ihnen zur Verfügung stehenden natürlichen Ressourcen auf schonende Weise und sicherten so ihr Überleben auch langfristig ab. Störungen solcher nomadischen Nutzungssysteme werden gewöhnlich von außen kommenden Einwirkungen zugeschrieben.[1]

In solchen Argumentationszusammenhängen werden implizit oder explizit die Tiere in ihrer natürlichen Umwelt als unabhängige Konstante und das Handeln der Menschen als die davon abhängige Variable gesetzt, als folgten die Menschen den natürlichen Bedürfnissen ihrer Tiere, so daß schließlich die traditionellen Nomaden selber als Beinahe-Tiere erscheinen müssen. Abgesehen davon, daß die postulierte "natürliche Umwelt" häufig erst durch Eingriffe des Menschen geschaffen wurde[2], wird auch übersehen, daß die Herden der Nomaden keine Wildtiere, sondern domestizierte Haustiere sind, deren Weideverhalten mittelbar und unmittelbar durch den Menschen geprägt ist. Es ist daher wenig sinnvoll, nach einer direkten Tier-Umweltbeziehung zu suchen, um daraus das Handeln der Menschen abzuleiten. Vielmehr sollten Mensch, Tier und Umwelt als Teile einer sich gegenseitig beeinflussenden komplizierten Gleichung begriffen werden (vgl. auch Beck/Klute 1991).

Diese Zusammenhänge will ich anhand der nomadischen Weideauswahl erläutern. Das ethnographische Beispiel stammt von den *Adagh-Tuareg*, die in einem ebenfalls *Adagh* genannten Bergland in Nordmali nahe der algerischen Grenze leben.[3] Generell kann ihre Wirtschaft als (subsistenzorientierte) Milchökonomie beschrieben werden, die vor allem auf die Aufrechterhaltung der Milchproduktion zum Eigenverbrauch ausgerichtet ist.

Bei der Erörterung der Weideauswahl der *Adagh-Tuareg* werden wir sehen, daß diese von einer Reihe von Faktoren abhängt: den klimatischen Bedingungen, den Bedürfnissen der einzelnen Tierarten, den ökonomischen Zielen der Wirtschaftseinheiten, der Haushalte, und nicht zuletzt von individuellen Vorlieben und Eigenheiten einzelner Menschen. Es erscheint mir keineswegs abwegig, daß auch ihre Haustiere durch Gewöhnung und Zucht kulturell bestimmte Vorlieben angenommen haben, die den Viehhaltern selber schließlich als naturwüchsig erscheinen.

Die augenfälligste Strategie, im Raum wechselnde Ressourcen von Weide und Wasser zu nutzen, sind für die *Kal-Adagh*, wie für Nomaden im allgemeinen, ihre Wanderungen. Natürlich geht niemand aufs Geratewohl los. Man braucht Wissen und Informationen über die Vegetation, Wasser und Wanderwege, um die "rechte" Weideauswahl zu treffen. Die Auswahl der Weide ist für die *Kal-Adagh* jedoch nicht nur von zweckrationalen Erwägungen bestimmt, um das richtige Futter und die geeignete Tränkstelle entsprechend dem wirtschaftlichen Ziel der jeweiligen Familie zu finden, sondern auch von weitergreifenden Vorstellungen: ihrem Bild von der Welt.

Beginnen wir die Darstellung daher mit der Erörterung religiöser (oder kosmischer) Vorstellungen, in die die Weideauswahl, wie andere wichtige Produktionsentscheidungen auch, eingebettet ist. Das Weltbild der *Adagh-Tuareg* zerfällt dabei keineswegs in verschiedene Bereiche, in einen profanen und einen sakralen, die wechselseitig zur Deutung von Ereignissen und als Entscheidungshilfe herangezogen würden, wenn ein Bereich keine Erklärung liefert. Im Gegenteil, auch wenn es augenscheinliche, profane Erklärungen gibt, behält der andere, sakrale Bereich gleichrangigen Wahrheitsgehalt und Erklärungswert.

In einem letzten Abschnitt beschreibe ich das Gegensatzpaar "Stadt und Land" aus der Sicht der *Adagh-Tuareg*. Ihre Ablehnung des seßhaften Stadtlebens muß zum einen sicherlich interpretiert werden als Ideologisierung des oft mühseligen und entbehrungsreichen Hirtenlebens auf dem Land, wie es für viele Nomadengesellschaften typisch ist. Zum anderen ist sie aber auch Ausdruck der Möglichkeit zur Subsistenzsicherung, die im *Adagh* leichter auf dem Land als in der Stadt gewährleistet werden kann. Damit wird gleichzeitig deutlich, daß der *Adagh* (und Gesamtmali) ein Bauernstaat ist, in dem die Staatselite und die städtischen Schichten von der Arbeit der Landbevölkerung leben.

Weideauswahl bei den *Adagh*-Tuareg

Während wir gewohnt sind, Weiden nach "harten" und "praktischen" Kriterien wie dem Vorkommen bestimmter Futterpflanzen, der Produktivität pro Fläche, ihrem Nährwert etc. einzuteilen, ist für die *Adagh-Tuareg* der wichtigste und am häufigsten diskutierte Begriff zur Kategorisierung eines Weidegebietes ein umfassender, religiöser: *albaraka*, der "Segen Gottes". Gottes Segen oder sein Ausbleiben wird jedoch nicht direkt, sondern nur in seinem Wirken auf das Leben, auf Mensch und Tier festgemacht. Nur Menschen und Tiere, nicht aber die Pflanzen zählen zu den Lebewesen. Deshalb werden sie hier nicht genannt.

In Abgrenzung zu den umliegenden Gebieten wird dem gesamten Bergland des *Adagh albaraka* zugeschrieben. Der *Adagh* ist durch folgende Charakteristika gekennzeichnet: Mensch und Tier gedeihen gut, sie werden stark und widerstandsfähig. Auch bei wenig Regen gibt es genügend Weide insofern, als im *albaraka*-Gebiet den Tieren selbst eine kleine Futtermenge ausreicht. Milch und Fleisch der Tiere sind wohlschmeckend und verleihen "Kraft". Selbst das Wasser der Brunnen ist nahrhaft; man kann mehrere Tage nur von Wasser leben, ohne essen zu müssen. Überall ist Lebensfreude zu spüren. Es gibt keine oder nur wenige Diebe. Es ist ein Gebiet, in dem Frieden und das Gute vorherrschen.

Dieser Vorstellung entspricht die Meinung, daß die Weiden auf harten Böden[4], insbesondere Bergweiden, die auf sandigen Böden an Qualität weit übertreffen. Schon mit dem Namen, "Bergland", weist der *Adagh* auf seine Qualitäten hin. Ebenso gilt allgemein, daß *albaraka* von Norden nach Süden abnimmt. Die reichen Weiden des Südens und die großen Herden ihrer Besitzer reichen in ihrer Qualität nicht an die kleinen und spärlichen des *Adagh* heran.

Neben dieser Grobeinteilung in einen nördlichen und einen südlichen Teil wird der *Adagh* weiter differenziert: man unterscheidet zwischen Tälern und Talabschnitten, die *albaraka* haben, und anderen, die es nicht besitzen. Die Kriterien für *albaraka*-Gebiete innerhalb des *Adagh* beziehen sich keinesfalls auf die Zusammensetzung und den Reichtum der Weiden, sondern vor allem auf den Zustand der Tiere: hier geben sie viel Milch, werden schnell fett, haben glänzendes Fell, wachsen gut, nehmen auf, verwerfen nicht etc.

Bei den abendlichen Diskussionen über die Weideauswahl wird als Argument für eine bestimmte Weide oft *albaraka* genannt. Zunächst schien es mir, als sollte damit Unerklärliches, das Gedeihen oder Nicht-Gedeihen der Tiere, erklärbar gemacht werden. Tatsächlich aber steht das *albaraka*-Argument gleichberechtigt neben den Punkten, die sich gleichfalls auf den Zustand der Tiere beziehen. Auch wenn die Milchmenge in einem nicht-gesegneten Gebiet größer ist, kann man sich dennoch für ein *albaraka*-Tal entscheiden. *Albaraka* meint nämlich mehr als den guten Zustand der Tiere, es schließt das Wohlergehen der Menschen ein.

Wir werden später sehen, welche Gründe für die Wahl einer Weide ausschlaggebend sind. Was für den einen "Gottes Segen" ist, ist es für den anderen noch lange nicht.

An jedem Tag, besonders des Abends sprechen die *Adagh-Tuareg* über die Weide. Es wird über ihre Zusammensetzung, das Vorkommen bestimmter Pflanzen und über ihren Futterwert diskutiert. Es geht um das Verhältnis von "heißen" und "kalten" Pflanzen und darum, welches Futter in Verbindung mit welcher Tränke gerade angebracht ist. Obgleich die meisten Pflanzen bekannt sind und man über ihren Futterwert Bescheid weiß, bedenkt man auch den

Zustand der Tiere und beobachtet ihr Verhalten. Liegen sie am Morgen satt wiederkäuend, oder streben sie auf die Weide? Fressen sie zufrieden, oder sind sie unruhig und suchen nach neuem Futter? Die Qualität einer Weide beeinflußt Zustand und Verhalten der Tiere.

Den "Weideleuten" des *Adagh* gilt aber auch das umgekehrte Verhältnis: die Tiere beeinflussen die Weide. Zunächst tun sie es direkt, indem sie von ihr fressen oder Gräser und Kräuter zertreten. Die *Adagh-Tuareg* behaupten, daß in dieser Hinsicht von allen Tieren Kamele den größten Schaden anrichten, weil sie wählerisch hier und da zupfen, lange Wege machen und über das Futter der anderen Tiere hinwegtrampeln, die ihre so zugerichtete Nahrung dann verschmähen. Diese und ähnliche Aussagen lassen ein anthropomorphes Tierbild erkennen, das tierische Verhaltensweisen in menschlichen Kategorien beschreibt. Wir müssen es natürlich interpretieren als Ausdruck der Milchökonomie der *Adagh-Tuareg*. Während etwa Viehzüchter aus Schlachtviehökonomien Distanz zu ihren Tieren halten müssen und ihre Herden in erster Linie als nützliche Produktionsmittel ansehen, ist eine Milchökonomie vor allem durch das enge Beisammensein von Mensch und Tier gekennzeichnet. Nur so können die Menschen von der Milch der Tiere profitieren und ihre Produktionstechniken auf die Aufrechterhaltung der Milchproduktion ausrichten.

Tiere haben jedoch auch einen positiven Effekt auf die Weide: sie düngen sie mit ihrem Kot und sorgen für die Verbreitung von Akazien-Samen, so daß ein gut besetztes Tal im folgenden Jahr mit ausreichendem Regen reiche Weide hervorbringt. Überhaupt gelten vollkommen unberührte Gebiete, die weder von den Haus- noch von den Wildtieren aufgesucht werden, nicht als die besten Weiden; jedenfalls fehlt ihnen *albaraka*, für das Tiere ein besseres Gespür als Menschen haben. Ähnlich wie die Tiere fühlen bestimmte "Geistwesen", *Kal-arog* genannt. Wo die *Kal-arog* fehlen, "gibt es den Segen Gottes nicht".

Buschgeister und Gottes Segen

Die *Kal-arog* sind ihren menschlichen Pendants in vielerlei Hinsicht ähnlich: Wie sie halten sie Ziegen und Schafe, Rinder und Kamele; wie sie sprechen sie *tamashaq*, wenngleich nicht so klar, sondern "verdreht", so sagt man. Wie die Menschen weiden sie ihre Tiere, tränken sie und ziehen auf neue Weiden um, kurz, gleich ihren menschlichen Pendants sind sie Nomaden.

Die Beziehungen zwischen den menschlichen und den "geistigen Nomaden" aber sind durch einen besonderen Umstand gekennzeichnet: Während diese die Menschen sehen können, bleiben sie jenen in den meisten Fällen verborgen und machen sich gewöhnlich nur in ihrem Wirken bemerkbar. "Du hörst ihre Stimmen auf der Weide oder am Brunnen, sie verstören deine Tiere und schlagen deinen Esel, so daß er bockt und dich abwirft." Anders als die Menschen können ihre Tiere die *Kal-arog* immer sehen.

Diese haben jedoch nicht nur Schabernack im Sinn, sondern sind den Menschen auch nützlich. Sie helfen dem verirrten Wanderer, weisen ihm den Weg und bewirten durstige und hungrige Reisende mit Wasser und Nahrung. Bei diesen Gelegenheiten können sie sich den Menschen zeigen, um gleich darauf wieder unsichtbar zu werden.

Umstritten bleibt bei allen Gesprächen und Diskussionen, ob die *Kal-arog* gänzlich, zum Teil oder überhaupt nicht Muslime seien. Einer meiner Gesprächspartner, der sich in dieser Frage nicht entscheiden wollte, segnete aus Vorsicht alle Nahrung, die er wegwarf, wie Knochen, die verbrannten Stücke eines Fladenbrotes oder Nahrungsreste, damit auch die *Kal-arog* "im Namen Gottes" (*bismillahi*) äßen.

Bestimmte Plätze, felsige Gegenden und vor allem gewisse Bäume gelten als bevorzugte Wohnstätten der *Kal-arog*. Nähert sich ein Reiter solchen Orten, faßt er seinen Zügel fester, um auf jegliche Überraschung gefaßt zu sein. Sein Tier sieht ja die Geister und könnte verschreckt werden. Läßt man sich unter einem bestimmten Baum nieder, schlägt man - um sich bemerkbar zu machen - mit einem Stein gegen den Stamm und entbietet etwa anwesenden *Kal-arog* einen lauten Gruß.

Insgesamt wird die Zahl der "geistigen Nomaden" im *Adagh* kleiner, eine Entwicklung, die einhergeht mit dem Wegzug der menschlichen Nomaden und ihrer Tiere und die das Land (teilweise) zur "Wüste" gemacht hat. Sie ist ein Zeichen dafür, daß dem gesamten Bergland in den letzten Jahren ein Teil von "Gottes Segen" verlorengegangen ist. Aber auch innerhalb des *Adagh* haben die *Kal-arog* offenbar schon die Plätze aufgegeben, die kein *albaraka* (mehr) haben. Insbesondere meiden sie Gebiete um feste Ansiedlungen und die Nähe von Autopisten. Hier verhalten sie sich wie die Tiere, vor allem die Kamele, die sich ebenfalls durch Menschenansammlungen und Autos gestört fühlen.

Die *Kal-arog* sind den *Adagh-Tuareg* also allgegenwärtig. Sie sind ebenso wirklich wie die Menschen oder andere Lebewesen und gehören zu der "Welt hier unten", die von der "anderen Welt", dem Paradies, und seinem Gegenpol, der Hölle, geschieden ist. Sie werden für das Aufschrecken der Tiere oder das Scheuen der Reitkamele verantwortlich gemacht, das zwar den Menschen nicht *augenscheinlich* ist, aber dadurch erklärbar wird, daß die Tiere die *Kal-arog* sehen können.

Die *Kal-arog* werden aber auch dann als Grund angeführt, wenn es andere, selbst für den Menschen augenscheinliche Erklärungen gibt. Obwohl man die vielen Moskitos sieht, Menschen und Tiere ihre Stiche spüren, obwohl es also eine augenscheinliche, sogar spürbare Erklärung gibt, wird am Morgen den-

noch diskutiert, ob es die Moskitos, die *Kal-arog* oder beide waren, welche die
Kamele des Nachts in Panik haben aufspringen und wegrennen lassen.

Umzug des Camps

Die Wahl eines neuen Wohnortes und der neuen Weiden ist kein einsamer und
plötzlicher Beschluß des Campchefs, sondern kündigt sich an in abendlichen
Gesprächen und Diskussionen, an denen alle Campmitglieder beteiligt sind.
Auch die Meinung der Kinder hat Gewicht; sie sind Hirten und beobachten
Verhalten und Zustand der Tiere den ganzen Tag lang. Diese langen Diskussionen lassen ein weiteres Charakteristikum der Wirtschaft der *Adagh-Tuareg*
erkennen: Es handelt sich um eine häusliche Produktionsweise, in der die
Produktion innerhalb der häuslichen Gemeinschaft organisiert wird und alle
"Betriebsmitglieder" durch verwandtschaftliche Beziehungen verbunden sind.
Die häusliche Produktionsweise hat zwar einige Vorteile, weil sie alle "Betriebsmitglieder" gleichermaßen auf den Produktionserfolg orientiert, bei
mangelndem Arbeitseifer einzelner aber fehlen ihr beinahe alle Mittel zur
Sanktion und Kontrolle. Wie etwa will man den faulen Sohn bestrafen oder gar
entlassen? Was sagt man zur Tochter, die Kopfschmerzen vorgibt, aber die
Ziegenherde im Stich gelassen hat? Ich vermute, daß die täglichen langen
Diskussionen über Weide, Wasserstellen und Weideauswahl weniger der
Entscheidungsfindung dienen, als auf den *Konsens der Campmitglieder* zielen
und so die Akzeptanz einer Entscheidung verbreitern helfen.

Tatsächlich bildet der Zustand der Tiere und vor allem ihre Milchleistung
eine der Grundlagen für die Entscheidung, das Camp zu verlagern. Läßt die
Milchleistung nach, fressen die Tiere lustlos und machen lange Wege auf
Futtersuche, denkt man an Aufbruch.

Für die Wahl einer neuen Weide wird eine Reihe verschiedener, sich
manchmal widersprechender Faktoren gegeneinander abgewogen. Den "natürlichen" Bedingungen, wie dem Weidezustand, den Bedürfnissen der Tiere oder
der Eignung von Tränkstellen, können durchaus politische Ziele, wirtschaftliche Erwägungen, soziale Notwendigkeiten und nicht zuletzt die Vorlieben und
Eigenheiten einzelner Familien entgegenstehen. Wir müssen dabei im Auge
behalten, daß die Weideauswahl, wie die Produktion im allgemeinen, im *Adagh*
im Rahmen der häuslichen Produktionsweise organisiert ist. Produktionseinheit
ist ein Camp, das aus einer oder mehreren, ökonomisch grundsätzlich voneinander unabhängigen Familien zusammengesetzt ist.

Wir können uns ein Camp der *Adagh-Tuareg* auch als ein Gestirn vorstellen,
um das die einzelnen Herden wie Planeten kreisen. Die äußeren Bahnen sind
von den verschiedenen Kamelherden besetzt, weiter innen folgen die Kühe und
endlich das Kleinvieh. Natürlich paßt sich der Weidegang der Tiere dem Ge-

lände und den verschiedenen Weiden an, so daß ein Camp mit seinen Herden in der Wirklichkeit nur zufällig eine Kreis- oder Ellipsenform annimmt. Die Zelte müssen als ein Gravitationspunkt gedacht werden, von dem die Bewegungen der Tiere ausgehen, von dem sie überwacht werden und zu dem sie zurückkehren.

Wird der Weg zwischen Weide und Camp zu lang, verlagert man das Camp. Nach meiner Schätzung liegt die maximale Entfernung für die milchgebenden Kamelstuten bei ca. 5 km (eine Wegstunde) vom Camp. Allerdings entfernen sich die Reitkamele manchmal um einiges weiter. Das Bemühen der *Adagh-Tuareg*, mit ihren Tieren, wenn möglich, inmitten der besten erreichbaren Weiden zu sein, kann daran deutlich werden, daß die Distanz zwischen altem und neuem Wohnplatz oft kurz ist und gelegentlich nicht mehr als ca. 1 km beträgt. Anders ausgedrückt: das Camp mit seinen Tieren (das "Gestirn und seine Planeten") ist ein *wandernder Milchbetrieb*.

Im folgenden soll die Weideauswahl im Verlauf eines Jahres dargestellt werden, um die Produktionsentscheidungen dieser "nomadischen Milchbetriebe" praktisch zu erörtern.

In der *Nachregenzeit*, der Zeit, in der "die Pflanzen trocken werden" (Mitte September bis Ende Oktober), läßt sich eine verstärkte Bewegung der Camps beobachten: Die Leute ziehen um und konzentrieren sich mehr und mehr um die großen Wasserlöcher und Teiche. *Azzaman wa ntaghreft*, die "Zeit, ein oder mehrere Tage ohne Tränke zu verbringen", geht zu Ende, die grüne Vegetation verdorrt. Anders als in der Regenzeit finden sich Pfützen und Wasserstellen nicht mehr "überall". Einige Familien beginnen, Wasserlöcher aufzugeben und Brunnen als Tränken zu nutzen, weil ihnen das Wasser der offenen Teiche zu stark verdreckt erscheint, während andere mit Kamelurin durchmischtes Tränkwasser als Heil- und Stärkungsmittel ansehen. In der zweiten Hälfte dieser Saison lösen sich die Konzentrationen um die Wasserlöcher wieder auf. Die Camps ziehen auf die Winterweiden, die jetzt zu wachsen beginnen.

In der *Wintersaison* erlauben kühle Witterung, grüne Kräuter und wasserhaltige Weiden lange Tränkabstände. Jetzt lassen sich vom Brunnen entfernt liegende Weiden nutzen: die Distanz zwischen Camp und Brunnen und zwischen Weide und Camp wird größer. Entsprechend wechselt man selten und nur über kurze Entfernungen den Wohnort.

Grundsätzlich hat das Camp für die Auswahl der Weide nun zwei Optionen:
a) wasserhaltige Weiden, die viel Tränkarbeit ersparen, aber die Milchleistung herabsetzen,
b) Kräuter-Weiden, die die Milchleistung erhöhen, aber eine relativ häufige Tränke verlangen.

Die Entscheidung für den einen oder anderen Weidetyp richtet sich nach der zum Konsum zur Verfügung stehenden Milch, der Struktur der Campherden und der Zahl und Zusammensetzung der Arbeitskräfte im Camp.

In der Regel werden wasserhaltige Weiden von den Familien gewählt, deren Milchproduktion vor allem von den Kamelstuten abhängt. Sie ziehen auf die Weiden des Nordens und bleiben hier bis zum Beginn der heißen Zeit (März), gelegentlich bis weit in diese Saison hinein.

Diejenigen, die ihren Milchkonsum vor allem auf das Kleinvieh (Ziegen, Schafe) stützen, bleiben entweder den ganzen Winter über auf Kräuter-Weide, weil sie ihre Milchproduktion hoch halten wollen, oder sie ziehen im letzten Teil der kalten Jahreszeit von den Winterweiden in den Schutz der großen Täler des *Adagh*, vor allem dann, wenn der Anteil der Ziegen an der Campherde groß ist.

Der Treck von der Winterweide in die Täler ist oft lang (40-60 km) und wird in drei oder vier Etappen bewältigt. Die großen Täler bieten den jetzt neugeborenen Zicklein einen guten Kälteschutz, der oft künstlich durch Windschirme aus Zweigen, Gras- und Kräuterbüscheln verstärkt wird. Die als "robust" geltenden Ziegen haben nicht nur eine höhere Tränkfrequenz als die anderen Haustiere, sie leiden vor allem unter Nässe und Kälte. In kalten Wintern kann der Verlust an Ziegen durch Kälte außerordentlich hoch sein. Die Baum- und Kräuterweide der Täler ist zudem wichtiges Futter für die Ziegen, die gegen Winterende werfen.

In der *Frühlingszeit (afasko)* haben sich die meisten Familien um den Brunnen eingefunden, in dessen Nähe sie den Rest des Jahres bis zur Regenzeit verbringen werden. Hier profitieren ihre Ziegen von den Akazienfrüchten, die zu dieser Zeit reifen, hier bereiten sich die Menschen auf die nahe heiße Zeit vor und suchen einen Platz nicht mehr gegen die Kälte, sondern gegen die kommende Hitze.

Die heißen, austrocknenden Winde der *heißen Zeit* machen nicht nur die Tränkarbeit immer mühsamer, sie lassen auch die Gras- und Kräuterweide verdorren. Für Kamele und Ziegen gewinnt die Baumweide immer mehr Bedeutung. Glücklich ist der, dem es auch in dieser Zeit gelingt, Grasweiden zu finden. Auf solchen Weiden nimmt man gern die Mühe der Nachtweide für Schafe und Kühe in Kauf, die nur so ohne Schaden die heiße Zeit überstehen. Große Hitze, entsprechend lange und häufige Tränktage schränken das Weidegebiet erheblich ein. Menschen und Tiere sind an einen Brunnen gebunden, von dem sie sich nicht weit entfernen können. Die Mobilität wird am stärksten durch den Menschen begrenzt, der zu dieser Zeit mehrmals täglich trinken muß. Auch wenn man sich bis zu einem gewissen Grad an Durst gewöhnen kann, ist die Toleranz jetzt bei bis zu 50^0 C Schattentemperaturen gering. Ein erwachsener Mann soll 24 Stunden ohne Wasser überstehen, in der folgenden Nacht aber in der Regel sterben. Deshalb finden sich jetzt die Camps selten weiter als 5-10 km vom Brunnen entfernt. Sie werden zwar oft, aber nur über kurze Distanzen verlagert.

Dank großer Durstresistenz und hoher Marschleistung haben Kamele einen größeren Weideradius als die anderen Haustiere. Häufig weiden jetzt die männlichen Tiere und die trockengefallenen Stuten ohne Hirten. Sie gehen allein auf Futtersuche und kommen aus eigenem Antrieb zum Brunnen, wenn sie Durst haben, d.h. alle vier oder fünf Tage. Das Weidegebiet der milchgebenden Stuten aber bleibt klein; sie sind eng an das Camp gebunden, wo ihre Fohlen als "Geiseln" fest angebunden gehalten werden. Die "Geiselhaft" ihrer Fohlen bringt die Stuten mit Sicherheit zumindest zum Morgen- und Abendmelken zum Camp zurück. Bei spärlicher Vegetation treibt man zu dieser Zeit auch die erwachsenen Kamele, nicht aber die Fohlen des Nachts auf die Weide.

In ihrem eingeschränkten Weidegebiet teilen sich die milchgebenden Stuten die spärliche und immer wertlosere Vegetation mit den Herden der anderen Haustiere, besonders den Ziegen, die wie sie auf Baumweide ausweichen: Ziegen und Kamelstuten werden zu Futterkonkurrenten.

Deshalb trennt man das Camp in verschiedene Hüteeinheiten. Die Stuten mit ihren Fohlen werden auf weiter entfernt liegende Weiden getrieben und dort von einigen Familienmitgliedern betreut, überwacht und gemolken. Nicht nur das Camp, selbst der Familienverband löst sich auf: *Isaryan*, "wie ein Junggeselle leben", sagt man, ein Ausdruck, der ansonsten die Freiheit der Sitten beschreibt, hier aber meint "Auf-sich-Gestelltsein", die Ablösung der Herden vom Camp sowie eben diese Herden selbst. In kleine Hüteeinheiten geteilt, ziehen Tiere und Menschen auf der Suche nach Weide in Kreisen um den Brunnen, der für die Trockenzeit gewählt wurde.

Das Bemühen um die bestmögliche Ausnutzung der erreichbaren Weiden, die optimale Verteilung der verschiedenen Herden im Raum wird am stärksten limitiert durch die Zahl geeigneter Familienarbeitskräfte. Bei fehlenden Familienarbeitskräften kann die Kooperation mit anderen Familien gesucht werden, um die einzelnen Familien-Herden zu gemeinsamen Hüteeinheiten zusammenzufassen.

Leichter ist oft der Ausweg, die Regeln geschlechtsspezifischer Arbeitsteilung zu umgehen, Männer und Jungen durch Frauen und Mädchen zu ersetzen. Dabei ist die Tatsache hilfreich, daß Frauen und Mädchen "in der Einsamkeit", dort, wo sie von Familienfremden nicht gesehen werden, eher als vor Fremden zu typischen Männerarbeiten bereit sind. Es obliegt dem Campchef, in dieser Frage einfühlsam zu handeln. Er muß alle Familienmitglieder mit kluger Diplomatie überzeugen, zum Wohl von Mensch und Tier "für kurze Zeit" auf Geselligkeit, soziale Kontakte und nicht zuletzt auf die tägliche Milch zu verzichten.

Sehnsüchtig erwarten daher alle die folgende *Regenzeit*, mit deren Wasser das Land ergrünen soll. Zwar fallen in der *Regenzeit-Vorsaison* (Mitte Juni) die ersten Regen, Teiche und Wasserlöcher füllen sich, aber das "Land ergrünt noch nicht", und es ist immer noch heiß. Jetzt jedoch besteht die Möglichkeit, sich aus der Bindung an den Trockenzeitbrunnen zu lösen und vorher nicht erreichbare Weiden aufzusuchen. Die "Leute sind zwischen Brunnen und Teichen", sagt man, was ebenso gedanklich wie *realiter* gemeint ist.

Der Umzug des Camps ist zu keiner Zeit des Jahres so sehr von der persönlichen Veranlagung der Menschen bestimmt wie während Regenzeit-Vorsaison. Nur der Mutige wird es wagen, die Sicherheit des Brunnens aufzugeben und sich den Launen der Natur auszusetzen, auf der Suche nach guter Weide einzig auf Wasserlöcher und Pfützen der (noch) unregelmäßigen Regen bauend. Jeder sucht Nachrichten und Gerüchte über die Regenfälle, beobachtet die Wolken, versucht am Donner die Menge weiter gefallenen Regens abzuschätzen und ruft beschwörend in den "Wind", damit er endlich "die Frische weiter gefallenen Regens" hat.

Der verständige Chef aber wird das Camp nicht auf die erste Nachricht von Regen verlagern, sondern reitet zunächst allein los, um das Gehörte "mit eigenen Augen" bestätigt zu sehen. Es gilt, die Qualität der neuen Weide und Tränke abzuschätzen und sich der Wasserstellen und Weiden auf dem Weg dorthin zu versichern.

Das Aussenden von Pfadfindern ist eine Vorsichtsmaßnahme, die sich vor allem dann auszahlt, wenn die neue Weide mehrere Tagesmärsche vom Trockenzeit-Brunnen entfernt liegt. Man erzählt von Familien, die unbedacht aufbrachen und sich beim Aussetzen der Regen zwar auf guter Weide, aber in einer Tränkefalle wiederfanden, aus der sie sich nur in Gewaltmärschen zum alten Brunnen zurück retten konnten.

Die dabei auftretenden Verluste an Tieren, manchmal sogar der Dursttod der Menschen, sind dem vorsichtig Abwägenden warnendes Beispiel. Er wird kein Risiko für seine geschwächten Tiere eingehen, mehrere "Versuche" machen, d.h. Pfadfinder aussenden und das Ergrünen des ganzen Landes, mindestens aber das Aufgehen des Sternbildes *kukayhad* (Aldebaran) abwarten, das den Beginn der eigentlichen Regenzeit anzeigt, bevor er den Trockenzeitbrunnen verläßt.

Die Bewegungen der Camps zu Beginn der *Regenzeit* sind unregelmäßig, gehen in alle Richtungen und führen häufig über weite Strecken (bis 150 km). Findet sich Weide "überall", was keinesfalls wörtlich, sondern nur im Vergleich zur vorhergehenden Trockenzeit gemeint ist, verlagert man das Camp nur noch über kurze Distanzen, jedoch beinahe täglich. Es gilt, die Tiere für den trockenen Rest des Jahres fett zu machen, sie sollen soviel wie möglich fressen. Wie den Menschen ist auch den Tieren frische, unberührte Nahrung appetitanregender als solche, von der andere schon gekostet haben.

Üppige Weide und leichte Tränke erlauben es, mit Verwandten und Freunden große Camps von fünf, zehn und mehr Zelten zu bilden. Jede Nacht treffen sich die jungen Leute zu Spielen, Gesang und Tanz und zum *Tam-Tam*. Man hat Zeit zu Unterhaltungen, zum Austausch von Neuigkeiten, zur Vereinbarung von Hochzeiten und politischen Gesprächen, kurz zu all dem, was in der heißen Zeit entbehrt werden mußte. Die grüne, frische Weide der Regenzeit verlangt eine regelmäßige Salzgabe. Deshalb wählt man die Weide meist so, daß Möglichkeiten zur Salzaufnahme in erreichbarer Nähe sind.

Gegen Ende der Regenzeit ziehen die Camps in Richtung Norden, in den "kühlen" Teil des *Adagh*. Der Zug nach Norden korreliert mit dem Vordringen der Intertropischen Konvergenzzone, deren Regen erst die Weiden im Süden und dann die im Norden wachsen lassen. Er wird "Abkühlung" genannt, weil die Tiere nach dem ersten "heißen" Futter der Regenzeit und den damit verbundenen Salzgaben nun im Norden des Landes abkühlen und von seinen jungen, bisher unberührten Weiden profitieren sollen.

In dieser Phase kommt es oft zu Konflikten in den großen Camps, die im ersten Überschwang der Fülle der Regenzeit gebildet wurden: Das Camp bricht in seine ursprünglichen Teile auseinander. Der Streit entzündet sich zwischen arm und reich, zwischen den Besitzern großer und denen kleiner Herden. Während die einen die Wahl der Weide nach den Bedürfnissen ihrer Tiere richten, sie auf unberührten Weiden ohne Störung fettmachen wollen, möchten die anderen die Gunst des Augenblicks nutzen und sich selber, den Menschen, soviel Nahrung wie möglich beschaffen. Die "Armen" ziehen deshalb zur Ernte auf Wildgetreidefelder, oder sie gehen in die Nähe der Städte und Dörfer, um Getreide gegen Butter, Käse und Sauermilch einzuhandeln. Lärm und Unruhe, Menschen und Tiere der Städte, zertretene und beschmutzte Weide auf den Wildgetreidefeldern aber verschrecken die Herden bei der Futteraufnahme. Die eigentlichen "Weideleute", jedenfalls die Besitzer großer Herden, fliehen gerade aus solchen Gebieten, in denen die "Armen" Gottes Segen suchen.

Stadt und Land

Im Selbstverständnis der *Adagh-Tuareg* gibt es innerhalb ihres Gebietes keinen größeren Gegensatz als den zwischen Städtern und Landbewohnern. Auch uns selbst scheint dieses Gegensatzpaar vertraut, galt doch noch im Mittelalter, daß "Stadtluft frei" mache. War die Stadt lange Zeit (und heute noch) Hort und eigentlicher Ausdruck der Zivilisation, traten im beginnenden 18. Jahrhundert andere Vorstellungen in den Vordergrund: das "natürliche" und damit moralisch einwandfreie Landleben gegen die sittenverderbende Stadt. Offenbar faszinieren sie bis heute nicht nur "Alternativ-Aussteiger", sondern auch Ethnologen - nach dem Motto: je einfacher und ländlicher, umso "ethnologischer".

Erfreut wird ein Besucher aus der "ersten Welt" feststellen, daß die *Adagh-Tuareg* sein "modernes" Weltbild zu teilen scheinen: die Ablehnung des entfremdeten Stadtlebens und die Wertschätzung des Lebens auf dem Land, im Busch, seine Einfachheit, Gesundheit und vor allem seine Schönheit. Tatsächlich ist *Schönheit* die erste Vokabel, mit der die Vorzüge des Landes beschrieben werden. Der Busch ist schön, während die Stadt häßlich ist.

Der "schöne Busch" hat für die *Adagh-Tuareg* jedoch kaum etwas mit unserem abstrakten Begriff gemein, der das einfache Landleben gegen das komplexe und entfremdete der Stadt ästhetisiert. Er wird vielmehr gedacht in bezug auf das Wohlergehen und Glück des Menschen.

Wie wir schon wissen, ist die schönste Saison die Regenzeit, in der das Land ergrünt und reiche Weide hervorbringt. Alles wird schön, selbst "die Berge", die man ansonsten nur als Wegemarken beachtet, "werden schön, wenn der Regen sie schlägt und wäscht; wenn Wolken über den Bergen sind, das ist sehr schön!" (Gespräch mit H. und S. am 9. Juni 1988).

Dem Schönheitsideal entsprechen grüne, mit Futterpflanzen bestandene Täler, fette Tiere ("selbst Esel") und wohlgenährte Frauen. Der Busch wird erst in der heißen Zeit und in Dürrejahren so häßlich, wie es die Stadt ist, weil die Vegetation dann verdorrt, Menschen und Tiere abmagern. Alles was das Land schön macht, bietet die Stadt nicht, selbst ihre Bäume sind von Menschen gepflanzt und gepflegt, während die Schönheit des Landes von Gott kommt.

Hinter der Vorstellung von der "Schönheit des Busches" steht auch die Möglichkeit der Subsistenz, die leichter hier als in der Stadt gewährleistet ist. Das gilt besonders für die Armen, die im Busch all das umsonst finden, für das sie in der Stadt an "die Leute" bezahlen müßten: Feuerholz, Wasser, Schatten, ein Milchtier als Leihgabe von Begüterten und in guten Jahren das "Getreide Gottes", Wildgetreide, das sie nur zu ernten haben.

Natürlich ist man sich auch der Entbehrungen bewußt, die das Landleben verlangt. Man muß Hitze und Kälte ertragen lernen und sich an Durst und Hunger gewöhnen, man muß lange Wege machen und gelegentlich hart arbeiten. Wo aber, werde ich gefragt, finden in der Stadt die Tiere eine Weide, mit deren Futter sie Milch geben? Und schließlich werde man von Entbehrungen nicht krank, wohl aber dann, wenn die Milch fehle.

Gegenüber der Stadt hat das Landleben den Vorzug der Schönheit, erhält die Gesundheit und ernährt selbst den Armen. Die Stadt aber ist nicht einfach eine Negation des "schönen Busches", weil ihr die Vorteile des Landes fehlen, sondern sie ist deshalb häßlich, weil sie durch und wegen des Landes existiert. Die für die Landbewohner bestimmten Lebensmittellieferungen etwa bleiben in den Händen der Städter; und nur zu oft, so wird gesagt, sieht man Stadtbewohner an den Wochenenden und in der Regenzeit im Busch, wo sie sich als Gäste der Nomaden mit Milch und Fleisch bewirten lassen, Tiere als Geschenk erhalten und danach wieder in die Stadt zurückkehren. Die Stadt fordert die Steuern ein, sie jagt diejenigen, die auf Karawanenreise in Algerien waren, und ist Sitz des Militärs, das sich tatsächlich eher als fremde Besatzungsmacht denn als eine Garnison im eigenen Land gebärdet.

Eine Reise in die Stadt ist fast regelmäßig mit Unannehmlichkeiten verbunden. Wenn sie ein Problem löst, bringt sie fast sicher ein neues hervor. Es ist daher nicht verwunderlich, daß in Sichtweite der Stadt Gespräche verstummen, leise Gebete gesprochen werden und ein jeder darauf hofft, seine Angelegenheiten so schnell wie möglich zu erledigen, damit er bald in den "Busch", zu den Tieren, ihrer Milch und seinen Leuten zurückkehren kann.

Wie der Busch ist auch die Stadt von Geistwesen bewohnt, die ihren menschlichen Bewohnern in vielerlei Hinsicht gleichen. Die hier lebenden Geister werden wie die Menschen "Stadtleute" genannt und mit ebensoviel Mißtrauen wie ihre menschlichen Gegenpole bedacht. Wieder sind es die Tiere, besonders die Kamele, die das Wirken der "Stadtgeister" als erste anzeigen: Sie scheuen vor den Schatten der Häuser, wollen nicht in enge Gassen eintreten und hoppeln trotz Fußfessel aus der Stadt in den Busch zurück, wenn sie nicht am Nasenzügel fest angebunden werden.

Am erstaunlichsten aber mag es uns erscheinen, daß die *Adagh-Tuareg* selbst in der dichtbesiedelten Stadt von *assuf*, von Einsamkeit befallen werden. Im Busch "bekommt man *assuf*" nur dort, wo keine Lebewesen sind, in der Wüste. Die Wüste ist von bösartigen Geistern, den *Kal-assuf* bewohnt, die den Reisenden mit Geräuschen erschrecken, seinen Sinn verwirren und ihn in die Irre führen können. Zwar kann man sich in der Stadt nicht verlaufen, aber trotz der vielen Menschen einsam sein, *assuf* bekommen, das einen nicht mehr an die Erledigung der Geschäfte, sondern nur noch an den "schönen Busch" denken läßt. *Assuf* kann mehr sein als (schmerzhaftes) "Heimweh". Es kann sich zu einer schweren Geisteskrankheit entwickeln, bei der nicht nur der Verstand schwindet, sondern auch jegliche Orientierung verlorengeht, so daß man am Ende nicht mehr weiß, was richtig und falsch ist. Der Kranke kann - wenn überhaupt - nur geheilt werden, wenn er aus der "häßlichen Stadt" in den "schönen Busch", zu den Tieren und ihrer Milch zurückgebracht wird.

Literatur

Adamou, A./E. Schulz, 1992: Leben in der südlichen Sahara. Die traditionelle Nutzung der Vegetation im Nord-Niger. Forschungsbericht, Würzburg.
Beck, K./G. Klute, 1991: Hirtenarbeit in der Ethnologie. In: Zeitschrift für Ethnologie, 116, S. 91-124.
Klute, G., 1986: Der Aspekt der Risikominderung in der Wirtschaft der Air-Tuareg (Niger). Göttingen, MA-Arbeit.
- 1992: Die schwerste Arbeit der Welt. Alltag von Tuareg-Nomaden. München.
Mohamed ag Mahmoud, 1980: Le Cercle de Gourma Rharous ou le Haut Gourma Central. Rapport pour le Service de la Coopération du Mali.

Anmerkungen

1   Für eine zusammenfassende Diskussion zahlreicher Beiträge mit einer solchen kulturökologischen Argumentation vgl. Klute (1986).
2   Die typische Vegetation des afrikanischen Sahel etwa entstand ab Ende der letzten Eiszeit durch intensive Beweidung von Rinderhirten, die für ihre Tiere Buschfeuer anlegten. Ein weiterer Faktor für die Degradation der ursprünglichen Vegetation zur sahelischen Steppe war das Abholzen der Baumbestände zur Verhüttung von Eisenerz, etwa ab der Zeitenwende (vgl. Adamou/Schulz 1992: 49-64).
3   Die angeführten ethnographischen Daten beruhen auf einem zwölfmonatigen Forschungsaufenthalt im *Adagh* in den Jahren 1987/88; der Beitrag greift auf Überlegungen zur räumlichen Strukturierung von Nomadenarbeit zurück (vgl. Klute 1992, bes. Kap. 3).
4   So argumentieren auch die *Tuareg* des *Gurma* (vgl. Mohamed ag Mahmoud 1980: 50).

Verständnis von Landwirtschaft und ihren Bedingungen in Abhängigkeit von der ethnischen Geschichte. Ein Vergleich zwischen den Yira (Nande) und den Komo in Ost-Zaire[1]

Friedhelm Streiffeler

Einleitung

In diesem Beitrag soll an zwei konkreten Beispielen die These belegt werden, daß Formen der Naturaneignung sich nicht nur historisch wandeln, sondern auch recht dauerhaft mit gemeinschaftlichen Identitäten verknüpft sein können. Diese sind allerdings ihrerseits weitgehend durch die Vergangenheit bzw. durch ihre Geschichtlichkeit bestimmt. Eine prominente Rolle bei der historischen Identität afrikanischer Ethnien, besonders der Bantu-Ethnien, spielt die Migration. Ich möchte zeigen, wie zwei Ethnien durch ihre verschiedene Migrationsgeschichte eine unterschiedliche Identität in bezug auf die Form der Naturaneignung erworben haben. Ich verwende bewußt den Ausdruck "unterschiedlich", um damit den Akzent auf die vergleichende Betrachtung zu legen.

Die Yira (Nande)

Der heute vor allem bei anderen Ethnien gebräuchliche Ausdruck Nande ist eine Deformation des Swahili-Ausdruckes wanaenda (sie gehen, sie fliehen), der sich auf Reaktionen dieser Gruppe auf die Swahili bezieht, die im 19. Jahrhundert in ihr Gebiet vorgedrungen waren. Sie geben ihre korrekte Bezeichnung mit Yira[2] an. Von Ethnologen[3] werden sie in die Gruppe der "Zwischensee-Bantu" eingeordnet. Dies ist eine in kultureller Hinsicht relativ homogene Gruppe von Völkern, die zwischen den großen Seen von Zentralafrika lebt. Verwandte Gruppen sind etwa die Hutu in Ruanda oder die Shi am Südrand des Kivu-Sees. In Uganda lebt ein anderer Teil der Yira, die dort als Kondjo bezeichnet werden. Die Yira sind wohl im 17. Jahrhundert aus dem Reich Kitara (Toro im heutigen Uganda) in ihr ursprüngliches neues Siedlungsgebiet westlich und nördlich des Eduard-Sees eingewandert. Diese Wanderung war eine Reaktion auf das Vordringen der Cwezi, eines Hirtenvolks, vom 13. Jahrhundert an. In der Phase der Unterwerfung der Yira durch die Cwezi bekam der Ausdruck Yira auch die Bedeutung von "Ackerbauern" (vgl. Mashaury 1982: 504). Die Yira Zaires bestanden historisch aus fünf unabhängigen sowie einer Reihe abhängiger Clans. Zur erstgenannten Gruppe gehören die

Batangi, Bamate, Baswagha, Bashu und die Banyisanza. Es ist bemerkenswert, daß jeder der fünf unabhängigen Clans einen Anteil am westlichen Ufer des Eduard-Sees hat, was bereits ein Hinweis auf eine Koordination zwischen den Clans ist, aber auch auf das erste Stadium der Migration[4]. Von da aus stießen sie in Gebiete vor, die - mit Ausnahme von Flußebenen wie des Semliki-Tals - recht hoch gelegen sind: in die Mitumba-Berge im Westen, die sich über 2800 m erheben, und in das noch höhere Ruwenzori-Gebirge im Norden. Da die Nande in diesen Siedlungsgebieten wieder Ackerbau betrieben, kann man sie als "Bergbauern" bezeichnen. Dieses neue Kernland war jedoch auf die Dauer zu klein für die Aufnahme dieser schnell wachsenden Bevölkerung. Da der Zug nach Westen keine unbegrenzten Möglichkeiten eröffnet hatte, könnte man versucht sein, den Ursprungsausdruck wanaenda, von dem sich die Ethnienbezeichnung Nande ableitet, mit "sie ziehen weiter" zu übersetzen. Von der Landknappheit als dem wichtigsten Motiv angetrieben, stießen sie von dort auch noch weiter westlich in niedriger gelegene Gebiete vor, wie etwa das der Bapere.

Dies geschah häufig in der Form, daß sie sich in den Dörfern der Waldbewohner als Händler niederließen und Produkte ihrer Berglandwirtschaft, Töpferwaren und wahrscheinlich Salz von Katwe (am nördlichen Ufer des Eduard-Sees) gegen Fleisch, Harz, Pfeffer, Raffia und Honig tauschten (Pakkard 1976: 87).[5] Nachdem diese Nande-Pioniere als Händler akzeptiert worden waren, folgten ihnen Verwandte und andere, welche den Wald rodeten und Landwirtschaft begannen. Wie bereits Schebesta festgestellt hatte, wurde durch die Rodung das Land ungeeignet für die Wirtschaftsformen der Pygmäen und anderer Wald-Ethnien. Dies und vor allem die Tatsache, daß sich das Wild weiter in den Wald zurückzog, führte dazu, daß sich die ursprünglichen Waldbewohner ebenfalls tiefer im Wald niederließen. Jeder, der ein Stück Wald gerodet und es so der Landwirtschaft erschlossen hatte, bekam eine gewisse Tributzahlung von denen, die später dieses Land bebauten. Auch bei anderen Migrationsformen der Nande war das Abschlagen der Waldbäume (Schwendbau) zur Gewinnung von Land für Felder und Siedlungen ein zentrales Element.

Dieser "Kampf gegen den Wald" (Remotti 1987: 76) hat auch in der Semantik der Sprache seine Spuren hinterlassen. So bezeichnet zum Beispiel das Yira-Wort eritwa 'ekihugo[6] den durch die Migration erfolgten Prozeß der Eroberung der Welt. Einerseits bedeutet es "sich einen Weg schlagen" und andererseits "sich niederlassen", "wohnen", "bleiben". Zum einen leitet es sich ab von dem Wortstamm hugo = Welt, Land, Territorium oder ein Gebiet von Böden, das besetzt, dem Wald entzogen, für den Menschen bewohnbar gemacht wird und auf welches eine Macht (politisch und ökonomisch) ausgeübt werden kann (Remotti 1987: 73). Der andere Wortstamm twa bedeutet "abschlagen", aber auch "organisieren", "Form geben". Der Begriff für die Gefolgsleute des Chefs lautete abakondi, was mit dem Wortstamm Konda = abschlagen, zum Fallen bringen, zusammenhängt. Der Wortstamm für "herrschen" und "siegen" hängt mit dem für "anzünden" zusammen, nach Remotti die Vollendung der Rodungsarbeiten.

Menschlicher Lebensraum, Zivilisation, Dorf kommen also in der traditionellen Weltsicht der Yira, so wie sie aus den ursprünglichen Wortbedeutungen rekonstruiert werden kann, durch eine bis zur Vernichtung gehende Abgrenzung vom Wald zustande. "Wald" hat die Konnotation des Außerordentlichen und Gefährlichen, was sich auch darin zeigt, daß Krankheiten und Verrücktwerden als Invasion des Hauses durch Kräfte des Waldes begriffen werden und daß Heiler (bakumu) in der Phase der Berufung im Delirium durch den Wald irren (Packard 1982: 71f.). Diese Heiler bringen Wildnis und zivilisierten Lebensraum wieder in ein rechtes Verhältnis, indem sie im Krankheitsfall undomestizierte Kräfte der Wildnis aus dem Opfer austreiben, in anderen Fällen aber auch wildwachsende, medizinisch nutzbare Pflanzen in dörflichen Gärten kultivieren und anwenden. Es gibt auch "Heiler des Landes", die Substanzen wilder Herkunft anbauend domestizieren, um die Fruchtbarkeit des Landes zu verbessern oder undomestizierte Kräfte auszutreiben, welche Verschmutzung oder Unfruchtbarkeit erzeugen (Packard 1976: 72). Auch die Initiation der männlichen Jugendlichen fand in Waldlagern statt, da sie gerade in dieser gefährlichen Umgebung die Tugenden von Männlichkeit und Tapferkeit erlernen konnten. Allerdings scheint es sich dabei zumindest in der Form, in der sie zuletzt praktiziert wurde, um eine Übernahme von den Bapere zu handeln. Seit dem ersten Viertel dieses Jahrhunderts ist diese Praxis mehr und mehr aufgegeben worden. Der Begriff "Wildnis" besitzt also einen ambivalenten Charakter. Einerseits wird damit Gefahr assoziiert, andererseits Fruchtbarkeit.

Die Welt des Dorfes und der Zivilisation ist vor allem eine Welt der sozialen Beziehungen. "Der isolierte Mensch, der von interpersonellen Beziehungen abgeschnitten ist, ist ein Mensch, der für die Gesellschaft tot ist ..." (Mashaury 1983: 92). Er gilt als gefährlich für das Leben der anderen und gerät leicht unter Hexereiverdacht.

Dieser idealtypischen Vorstellung der Welt bei den Yira ist allgemein eine Welt des Draußen, ein geheiligtes Universum entgegengesetzt, das von Genien und Geistern bewohnt ist. Es ist das nicht-menschliche Universum, zu dem außer dem Wald auch die hohen Gebirge, die großen Flüsse, Schluchten, Wasserfälle etc. gehören. Sowohl die menschliche als auch die nicht-menschliche Welt sind das Werk des Schöpfergottes Nyamuhanga. Der Wortbestandteil Nya bedeutet "der Urheber", "der Gestalt verleiht", "der Leben gibt", aber auch "der pflanzt", "der sät" (Waswandi 1985: 251). So hat er auch den Beinamen Nyamwisi ("der die Sonne gesät hat"), mit dem er bei Agrarriten angerufen wurde. Der Wortbestandteil hanga bezeichnet die Tätigkeit des Schöpfertums, aber auch Gestalt geben, Verbindungen (auch Verlobungen) herstellen, festlegen (auch im Sinne von domestizieren). Der "Verwaltungschef" (im Unterschied zum rituellen Chef oder zum obersten Kriegsherrn) des Clans, der mwami, verteilte das Land zur Weitervergabe an seine Untergebenen (Bakama). Diese gaben es wiederum an die lokalen Untertanen, die Basoki, welche es schließlich den Familienoberhäuptern zur Bearbeitung überließen. Dafür mußten traditionell auf allen Ebenen Tribute entrichtet werden, die sowohl jährlich als auch nach jeder Ernte zahlbar waren. Das Land wurde kein bäuerliches Privateigentum, doch verblieb es beim selben Nutzer, sofern dieser es bestellte und regelmäßig seinen Verpflichtungen nachkam. Es konnte auch von den Söhnen übernommen werden.

Der Mwami, welcher den Tribut für das Land bekommt, dieses verwaltet und Recht (besonders bezüglich des Landes) spricht, war in der Tradition der zweite Sohn des Begründers der Linie. Der erste (Mukulu) war der religiöse Chef, Priester des Ahnenkultes und Wächter der Traditionen. Der dritte Sohn war der oberste Kriegsherr.

Den engen Zusammenhang zwischen landwirtschaftlicher Wirtschaftsform und politischer Herrschaft im traditionellen Yira-Staat ersieht man daraus, daß ein Dynastiewechsel typischerweise auf Trockenzeiten oder Mißernten folgte, was als Versagen der amtierenden Herrscherfamilie interpretiert wurde. Zu deren Aufgaben gehörte auch die Gewährung der Fruchtbarkeit des Landes durch Kulte, die an spezielle Gottheiten gerichtet waren. Herrschaftskonkurrenten präsentierten sich als Regenmacher, die mehr Erfolg hätten (Packard 1976).

Ein Merkmal der Yira-Gesellschaft, welches diese scharf von der Komo-Gesellschaft unterscheidet, ist die Zusammenarbeit, ja "konföderative" Struktur der verschiedenen Yira-Clans (Mashaury 1983). Diese Zusammenarbeit wurde besonders bei den Inthronisationsriten eines neuen Mwami symbolisiert und demonstriert, wobei jeder Chef eines der fünf unabhängigen Yira-Clans eine ihm speziell zugeschriebene Fähigkeit und eine besondere Aufgabe hatte. So führten und führen zum Beispiel die Batangi eine symbolische Grablegung des künftigen Mwami durch und stellen ihm eine spezielle Trommel als Symbol der königlichen Macht zur Verfügung. Mashaury (1983) sieht in dieser "konföderativen Struktur" ein Mittel, um Kriege zwischen Yira-Stämmen untereinander zu verhindern, aber auch ein Mittel, um die Zusammenarbeit bei der weiteren Expansion der Yira in neue Siedlungsgebiete, wozu sie wegen der Übervölkerung ihrer bisherigen Gebiete gezwungen sind, sicherzustellen. Möglicherweise hängt es mit einem geschlossenen Auftreten und Handeln der Nande gegenüber anderen Ethnien, wie es tatsächlich häufig stattgefunden haben mag, zusammen, daß sich "Solidarität" als zentrale Eigenschaft im Stereotyp der Nande bei anderen Ethnien verfestigt hat.

Die Bami spielen heute keine entscheidende Rolle mehr. Während in dörflichen Bereichen des Nande-Gebietes die tributäre Form der Landvergabe noch weitgehend üblich ist, wandelt sich in den Städten und in ihrer Umgebung die traditionelle Rechtsform beim Land zum Privateigentum westlichen Musters. Auch die landwirtschaftlichen Praktiken haben sich geändert. Einerseits werden wegen des Bevölkerungsdrucks die Brachezeiten immer kürzer oder sie entfallen gänzlich. Andererseits wurden die traditionellen Anbauprodukte (Fingerhirse[7], Yamswurzel, Taro, Sorgho u.a.) in der Kolonialzeit durch im Westen gezüchtete Anbauprodukte wie Mais, Gemüse, Lauch, Weizen, Kaffee etc. komplettiert und zum Teil ersetzt. Zur Erklärung dieser erstaunlichen Bereitschaft zur "Neuerungsübernahme" - die übrigens dazu geführt hat, daß die Belgier im allgemeinen recht positiv gegenüber den Nande eingestellt waren und diese anderen Ethnien des Belgischen Kongo als Vorbild hinstellten - könnte man die Hypothese formulieren, daß die Nande an den neu eingeführten Pflanzensorten und Anbautechniken deswegen interessiert waren, weil sie zum Teil eine höhere Flächenproduktivität hatten.

Dieser Öffnung nach außen war jedoch ein langer bewaffneter Widerstand gegen die belgische koloniale Penetration vorangegangen, welcher dem früheren Widerstand gegen die Swahili folgte (vgl. hierzu und zum folgenden Mashaury 1983). Der Widerstand war im ersten Jahrzehnt dieses Jahrhunderts besonders heftig - in den neunziger Jahren des 19. Jahrhunderts bekämpfte die belgische Kolonialmacht in den "Sklavenkriegen" zunächst die Swahili -, und erst in den zwanziger Jahren kam es zu einer endgültigen Unterwerfung, wenn auch später immer noch lokale Aufstände stattfanden. Obwohl die erste katholische Mission bereits im Jahre 1906 bei Beni (Karuhamba) gegründet worden war, kam es erst nach der endgültigen militärischen Unterwerfung (etwa ab 1929) zu einer massiven Christianisierung, die zum Bedeutungsverlust der traditionellen Kultur beitrug. In diesem Prozeß kam es auch zu einer Transformation wie etwa der Identifikation von Nyabingi (der weiblichen Gottheit von Reichtum und Überfluß) mit der Mutter Gottes.

Auch in der Kolonialzeit setzte sich die Migrationstendenz der Nande fort, wobei zu den bisherigen Formen des Vordringens in die Waldgebiete des Westens und Nordens der Handel sowie die Aufnahme von Lohnarbeit, etwa als Boy, Maurer, Minenarbeiter, Arbeit bei der Anlage von Straßen und Eisenbahnlinien in entfernteren Bereichen der belgischen Kolonie, hinzukam. Man könnte auch die Hypothese formulieren, daß die spätere Offenheit der Nande gegenüber der kolonialen Modernisierung mit durch den Kolonialstaat eröffneten Möglichkeit der Emigration der Nande in weitere Gebiete des Belgischen Kongo zusammenhängt.

Skizze der aktuellen Situation der Landwirtschaft der Yira und ihrer Vorgeschichte

Es ist ein Element kultureller Identität bei den Yira, daß Landwirtschaft bei ihnen im wesentlichen Agrikultur bedeutet. Es gab zwar bei ihnen auch immer eine Haltung von Ziegen, Hühnern etc., doch wurde diese Tierhaltung vornehmlich aus sozialen Gründen (Tribute für die Überlassung des Landes, Brautgabe, Gastgeschenke etc.) betrieben. Die traditionelle Landwirtschaft bestand aus dem Bananenhain, der in nächster Nähe des Hauses gelegen war und in welchem die Männer tätig waren, sowie dem Anbau von Sorgho, Gerste, Yamswurzel, Taro, Fingerhirse, Kalabassen, Süßkartoffeln u. a. Auch Pflanzen mit ritueller oder Heilfunktion (z. B. Ricinus, der früher bei der Salbung der Bami verwendet wurde und heute als Ersatz für Antibiotika gilt) wurden angebaut.

Ab etwa 1920 wurden dann "exogene" Kulturen eingeführt wie Weizen (ab 1700 m Höhe), Bohnen, Erbsen und Kartoffeln, "europäische" Gemüsesorten (vor allem Lauch und Speisezwiebeln), Kaffee (Arabica), Tee, Maniok, Papaya, Pyrethrum, Quinin etc. Die Einführung dieser neuen Kulturen erfolgte einerseits auf administrativen Druck hin (cultures imposées), als spontane Übernahme von Kulturen, die sich Europäer angelegt hatten (Plantagen, Missionsgärten etc.) und andererseits auch als Anwendung des in Schulfarmen Gelernten (z. B. der seit 1940 in Kyondo existierenden Ecole-ferme).

Auffällig bei dieser Neuerungsübernahme, wie auch immer sie erfolgt sein mag, ist die enorme Übernahmegeschwindigkeit, welche die Yira geradezu zu Lehrbuchbeispielen für die Innovationstheorie macht. So kam 1959 ein Drittel der Kaffeeproduktion bereits aus einheimischem Anbau (Drevet 1975), obwohl der Kaffee erst im Jahre 1947 von kolonialen Agronomen eingeführt worden war (Muhindo 1976). Zur Erklärung dieser Offenheit, welche die Yira radikal von den Komo unterschied, kann zunächst auf die höhere Flächenproduktivität der europäischen Sorten verwiesen werden: Da wegen der hohen Bevölkerungsdichte das Land bei den Yira sehr knapp war und nicht wie bei den Komo die Arbeitskraft, erschienen jenen flächenproduktivere Kulturen als attraktiv. Ein zweiter Erklärungsfaktor dürften die aus dem Verkauf der "industriellen" Kulturen und der Überschüsse der Nahrungskulturen (Weizen, Kartoffeln) erzielbaren Gelderlöse gewesen sein. Diese eröffneten den Yira Zugang zu den sich entwickelnden Märkten. Parallel zu dieser Entwicklung der Landwirtschaft im europäischen Sinne verlief die Entwicklung einer Straßeninfrastruktur, welche eine Vermarktung von städtischen Konsumzentren und Minen ermöglichte. Allerdings fand eine solche Entwicklung mit einiger Verspätung auch im Siedlungsgebiet der Komo statt, so daß die Monetarisierung der Landwirtschaft allein nicht die Übernahmeunterschiede von Komo und Yira erklären kann. Angesichts der Gestaltungsunterschiede der Kulturen kann man sich fragen, ob nicht auch Differenzen im Verständnis von Agrarkultur zur Erklärung der Adoptionsunterschiede beitragen können. Die Kulturen der Yira waren und sind zunächst durch intensive Pflege[8] gekennzeichnet, an der beide Geschlechter beteiligt sind. Schwere Arbeiten und Arbeiten zu Zeiten von Arbeitsspitzen wurden gemeinsam von Bewohnern eines Dorfes, geordnet durch Verwandtschafts-, Alters-, Männer- und Frauengruppen, durchgeführt (Kakule 1984). Sehr häufig sind plantagenartige Monokulturen verschiedener Nahrungspflanzen, die aus kleinen Parzellen zusammengesetzt sind, die verschiedenen Haushalten gehören. Dies ermöglicht einen intensiven Tausch von Arbeit und Arbeitsgeräten, hat allerdings auch den Nachteil einer leichteren Verbreitung von Pflanzenkrankheiten.

Es gibt aber auch Mischkulturen, die je nach Höhenlage, Bodenqualität und anderen naturräumlichen Bedingungen unterschiedlich gestaltet werden. Sofern ihre Landwirtschaft im Vergleich zur Landwirtschaft der Komo, die durch ein Wachsenlassen gekennzeichnet ist, ein deutliches Gestaltungsmoment aufweist, steht sie in einer größeren Nähe zur europäischen Landwirtschaftskonzeption, und man könnte auch vermuten, daß die Yira in der europäischen Landwirtschaft ihre eigene Waldfeindschaft wiedererkannt haben. Es wird von Auseinandersetzungen vereinzelter alter Yira-Bauern mit Agronomen berichtet, die sich Aufforstungsmaßnahmen mit dem Argument widersetzten, das Land sei fruchtbar, gerade weil es keinen Wald mehr gebe. Diese hypothetischen Affinitäten können als "soziokulturelle Faktoren" möglicherweise auch die enorme Übernahmegeschwindigkeit miterklären.

Da die hier herangezogene eigene Untersuchung nicht historisch angelegt war, fällt eine Überprüfung dieser Hypothesen nicht in ihren Rahmen. Es gab allerdings in der 1988 durchgeführten Befragung von 200 Yira-Bauern im Alter von 30 bis 60 Jahren Ergebnisse, die auf eine fehlende Entgegensetzung von einheimischen und eingeführten Kulturen hindeuten. So wurden auf die Frage "Welche Pflanzenarten werden hier seit langem angebaut?" nicht nur die tatsächlich "traditionellen" Arten wie Fingerhirse, Gerste, Yamswurzel genannt, sondern auch in der Kolonialzeit eingeführte Kulturen wie Weizen, Gemüse, Kartoffeln u. a. Hierbei wurden zum Teil noch detailliertere Bestimmungen getroffen, indem von Weizen und Kartoffeln gesprochen wurde, die von den Belgiern eingeführt worden seien. Dieselben Pflanzenarten, die mit dem Ausdruck Kayira näher bestimmt wurden, bezeichneten im emischen Verständnis traditionelle Yira-Kulturen. Koloniale Innovationen werden also der Tradition zugerechnet, wie auch entgegen der historischen Realität beide Pflanzenarten für das Kulturerbe der Yira beansprucht werden. Man kann also von einer "Reendogenisierung" importierter Kulturen sprechen.

Daß dieser Begriff keineswegs nur kognitive Einordnungen und Erinnerungstäuschungen bezeichnet, zeigt sich im Verhalten der Yira angesichts eines zentralen Problems der neu eingeführten Kulturen, nämlich der genetischen

Degeneration des Saatguts, die nach dem Zusammenbruch der landwirtschaftlichen Infrastruktur (Forschungs- und Saatgutzuchtanstalten) in der Zeit der "Rebellionen" und danach erfolgte. So beschafften sie sich in dieser Zeit eine Kartoffelsorte (Seseni) aus Uganda, die befriedigende Erträge aufwies und die sie später - vor allem seit 1978, als die Saatgutzuchtanstalten (CAPSA) in ihrem Gebiet wieder mit kanadischer Hilfe aufgebaut wurden - auch als "einheimische" Sorte beibehielten und nicht durch angeblich besseres Saatgut ersetzen ließen.

Die Komo

Die Komo[9] stellten lange Zeit eine ethnische Gruppe dar, die in Kolonialkreisen und in der Wissenschaft wenig bekannt und oft auch eher Gegenstand von Greuelmärchen als gründlichem Wissen war. Dies hat sich durch die Arbeiten des Anthropologen de Mahieu (1980 und 1985) grundlegend geändert. De Mahieu verschaffte sich eine genaue Kenntnis der Lebensweise und Kultur der Komo durch teilnehmende Beobachtung, die 1970 bis 1972 und in späteren kürzeren Abschnitten stattgefunden hatte. Er kombinierte eine durchdringende Analyse der Symbolbedeutungen der sprachlichen Ausdrücke und ihrer Zusammenhänge. Die Komo gehören heute zu den Gruppen Zaires, deren Kultur am besten beschrieben und am genauesten analysiert ist.

Sie werden von Vansina (1975) mit den Wald- und Savannen-Bira und den Lombi zu einer der vier ethnischen Gruppen gerechnet, die den großen Äquatorwald östlich von Kisangani bevölkern. Aufgrund der sprachlichen, politischen und kulturellen Ähnlichkeit wären auch noch die Pere zu dieser Bantugruppe zu rechnen. Das riesige Siedlungsgebiet der Komo erstreckt sich von Kisangani in südöstlicher Richtung bis zu den Flüssen Lowa, Oso, Osokali, Mesa und Mandaye.

Es wird angenommen, daß sie um das 15. oder 16. Jahrhundert in dieses Gebiet eingewandert sind, wobei der genaue Ausgangspunkt ihrer Migration unbekannt ist. Sie sind wohl von Osten her gekommen, was die Komo selber auch aus dem Namen ihrer Ethnie ableiten - in ihrer eigenen Sprache lautet die Bezeichnung für Osten Okomo.

Da die ethnische Zugehörigkeit in den zairischen Verwaltungsdokumenten nicht verzeichnet wird, ist es schwierig, ihre aktuelle Anzahl anzugeben. Eine Schätzung am Ende der fünfziger Jahre lautete 60 000. Zu einem ersten demographischen Rückgang war es im letzten Viertel des 19. Jahrhunderts, als die Swahili in ihr Gebiet eingedrungen waren, gekommen. In dieser Zeit mußten die Komo Träger- und Kriegsdienste leisten, wurden als Sklaven genommen, bei Kämpfen getötet oder flüchteten.

Unter den Tätigkeiten zur Lebenssicherung - Landwirtschaft, Sammeltätigkeit, Fischfang und Jagd - nahm letztere eine zentrale Stellung ein. Wichtigstes Produkt der Landwirtschaft und Grundnahrungsmittel vor dem Eindringen der Swahili war die Banane, die im Primärwald oder im regenerierten Wald angebaut wurde oder die man sich dort spontan ausbreiten ließ (sekundäre Verwilderung). Die Sammlertätigkeit im Wald erstreckte sich auf Früchte, Palmnüsse, Honig, Raupen, Palmwein, Heil- und Giftpflanzen sowie Reservepflanzen bei Hunger. Dabei gab es eine Arbeitsteilung zwischen den Geschlechtern. Dies gilt auch für den Fischfang, der jedoch keine große Rolle bei den Komo gespielt hat. Die Jagd wurde in Gruppen ausgeführt, etwa als Treibjagd mit Netz, an der etwa 15 Personen eines gemeinsamen Clansegments teilnahmen. Auch große Tiere wurden gemeinschaftlich gejagt. Daneben gab es die individuelle Jagd mit Fallen, Lanzen, Pfeilen etc. Die Komo hatten eine große Reputation als Jäger und leiteten von dieser Spezialisierung auch einen wesentlichen Teil ihrer eigenen Identität ab. Die zentrale Stellung der Jagd verweist darauf, daß sie in der Nutzung der Reichtümer des Waldes ihre ökonomische Grundlage sahen.

Es ist von Mwene Batende (1982) gut herausgearbeitet worden, daß diese Nutzung auch einen Aspekt von Nachhaltigkeit hatte, sofern Zeiten für die Reproduktion der Fauna respektiert wurden. Dies erklärt für diesen Autor auch, warum die Komo nicht seßhaft geworden sind, sondern in halbnomadischer Weise den Ort ihrer Siedlungen immer verlegt haben. Daß diese Gruppe nicht von sich aus zur Landwirtschaft als ihrer zentralen Aktivität übergegangen ist, kann jedoch kein Grund sein, sie als primitive Gesellschaft, als Gruppe ohne Entwicklungsaspirationen einzustufen, oder wie Mwene Batende (1982: 41) von "schwacher Entwicklung der Produktivkräfte" zu sprechen. Als Alternative zur Entwicklung einer Landwirtschaft, von der sie hätten leben können, gab es die Extension des Jagdgebietes. Daß dieses Verhalten ein Standardmechanismus zur Lösung ihres zentralen Problems war, zeigt sich zunächst in der gewaltigen Ausdehnung ihres Gebietes, das von Nicht-Jägervölkern als undurchdringlich angesehen wurde, für die Komo jedoch die natürliche Ressource war. Die Tatsache, daß das Siedlungsgebiet der Komo durch Flüsse begrenzt ist, läßt vermuten, daß Flüsse schwer überwindbare Grenzen für sie darstellten, obwohl diese auch die Funktion natürlicher Gebietsabgrenzungen von Waldeigentümern haben können.

Der Zusammenhang von Jagd und Migration entlang eines Flusses wird auch auf der Ebene von Mythen hergestellt. Natürlich ging die Expansion in neue Siedlungsgebiete nicht in unbewohntes Gebiet: zunächst war der Äquatorialwald von ebenfalls nomadisierenden Pygmäen bewohnt, mit denen die Komo eine gewisse Zeit in Symbiose gelebt und mit denen sie sich auch vermischt hatten, bevor sich die Beziehungen konflikthaft gestalteten. Sodann kam es häufig zu Konflikten mit anderen Ethnien, die den Wald bewohnten. Damit mag zusammenhängen, daß die Komo als kriegerisch galten, und der Umstand, daß solche Konflikte für sie eine Existenzbedingung waren, auf die sie sich einstellten und vorbereiteten, mag erklären, daß sie als Krieger von ihren Nachbarn gefürchtet waren.

Schließlich bietet es sich an, die in der Vergangenheit häufigen Konflikte der verschiedenen Komo-Clans untereinander, bei denen es in der Regel um Jagdrechte ging, mindestens dadurch mitzuerklären, daß eine Expansion in äußere Gebiete aus verschiedenen Gründen nicht möglich war.

Dieser Konfliktfall konnte eintreten, weil der Wald kein freies Gut, sondern Jagdraum der verschiedenen Clans und ihrer Untereinheiten war, aus denen sich die Komo-Gesellschaft zusammensetzt.

Die Zuordnung des Waldes zu Clans wurde dadurch ideologisch abgesichert, daß die verstorbenen Clan-Vorfahren als die eigentlichen Eigentümer des Waldes angesehen wurden, die Jagdbeute gewähren oder verweigern konnten. Allerdings ist diese klare Zuordnung des Waldgebietes zu einzelnen Clans nur idealtypisch zu verstehen, da sich die Clans bereits seit frühen Stadien der Migration in Segmente und Linien aufgespalten hatten, die später nicht mehr wußten, welche anderen Segmente und Linien noch zu ihrem Clan gehörten. Dieser Prozeß der Auf- und Abspaltung wurde auch durch die Erkenntnis vorangetrieben, daß das bisherige Jagdgebiet nicht mehr ausreichte, der gewachsenen Bevölkerung ihre Lebensgrundlage zu garantieren. Mwene Batende bemerkt zu Recht, daß man die Abstammungs- und Verwandschaftsverhältnisse wohl nicht als anarchistisch bezeichnen könne, doch war die Situation durch Unübersichtlichkeit und die Abwesenheit von großräumigen Herrschaftsstrukturen gekennzeichnet.

Der Ort der Gemeinschaft und der Lebenden, das Dorf, wurde von der Kultur in einen strukturellen Gegensatz zum Wald gebracht, in dem nach den traditionellen Überzeugungen die namentlich bekannten toten Ahnen sich als einzelne aufhalten, während die namentlich nicht mehr bekannten vom Firmament aus Regen und Donner schicken oder sich in der Erde unter Kaskaden von Waldgewässern aufhalten. Der Kosmos der Komo unterscheidet sich so vom Kosmos der Pygmäen, bei dem der Aspekt der Einbettung menschlicher Wohnstätten in den Wald sehr viel stärker hervortritt als das Element der Abgrenzung. Trotz dieses strukturellen Gegensatzes ist bei den Komo der Wald keine ausgegrenzte Wildnis wie etwa bei den Yira. Obgleich er sich vom Dorf unterscheidet, wo Licht, Gemeinschaft, Gesetz etc. herrschen, ist er doch in die menschliche Zivilisation einbezogen, sofern er das Produktionspotential für die Komo darstellt, zwischen Clans aufgeteilt wird, von bekannten Ahnen, nicht von schrecklichen Naturgeistern, durchstreift wird und in seinen pflanzlichen und tierischen Bestandteilen bekannt ist.

Die Gesellschaftsstruktur und Lebensform der Komo, wie sie hier angedeutet worden ist, hat sich entscheidend durch die Besetzung durch die Swahili im letzten Viertel des 19. Jahrhunderts verändert. Unter Swahili werden hier Angehörige von Sultanaten aus Sansibar und der Küste des Indischen Ozeans, die auf arabische Immigrationen zurückgehen, sowie auch innerafrikanische Ethnien verstanden, die sich mit ihnen verbündeten. In dieser Rolle traten den Komo vor allem die Kusu gegenüber. Die Versuche der Swahili, die Komo und andere Völker des Maniema unter ihre Kontrolle zu bekommen, waren hauptsächlich durch ihr Interesse an Elfenbein und Sklaven diktiert. Hierzu setzten sie eine Umsiedlung der Komo durch, indem die Bewohner verstreuter Weiler in größeren Dörfern zusammengefaßt und einem Dorfchef ihrer Obedienz unterstellt wurden, der sultani hieß und in der Regel ein junger und guter Elefantenjäger war. Die Swahili setzten Zwangsmittel zur Erreichung ihrer Ziele ein, und viele Bewohner des Maniema verloren in Kämpfen, bei Verschleppungen, als Symbole der Unterwerfung oder als Opfer von Erpressung ihr Leben (vgl. Kabemba 1986).

Es besteht eine enge Verbindung zwischen dem bereits genannten Aspekt der "Kolonisation" durch die Swahili, der Seßhaftmachung der Komo und der Einführung einer Landwirtschaft, die über die bisher gepflegte rudimentäre agrarische Wirtschaftsweise, die wesentlich auf Bananen beruhte, hinausging. In diesem Rahmen wurde vor allem Trockenreis eingeführt. Die Swahili bedurften dieser Produkte, um die Ernährung ihrer Kolonnen zu ermöglichen, die in Kriegszügen tätig waren oder aber im Transport von Handelsgütern. In einer späteren Phase der Swahili-Besetzung entwickelte sich eine Tauschwirtschaft, wobei vor allem Elfenbein gegen Stoffe, Hacken und nicht zuletzt gegen Jagdgewehre getauscht wurde.

Die belgische Kolonisation war zu Beginn mehr nominell als effektiv, sofern das Gebiet als undurchdringlich angesehen wurde. Abgesehen von erneuten Trägerdiensten während des Ersten Weltkrieges hatten die Komo bis Mitte der dreißiger Jahre - als in dem Maniema-Gebiet, dessen westlicher Teil von ihnen besiedelt ist, Kassiterit, Gold und andere Bodenschätze entdeckt wurden - wenig Kontakt mit der belgischen Kolonialverwaltung. Die Kolonisation brach anschließend mit einer äußerst "brutalen"[10] Veränderung herein. So wurden die Komo plötzlich für den Straßenbau und Arbeiten in den Minen rekrutiert, sie mußten auf Plantagen arbeiten oder zwangsweise eigene Verkaufsfelder oder Palmenhaine anlegen, um die Kopfsteuer bezahlen zu können, sofern ihre Dörfer zusammengelegt oder an Straßen umgelegt wurden.[11] Der Einbruch des Kolonialverhältnisses war für die Komo nicht nur wegen seiner Plötzlichkeit brutaler als für andere Ethnien. Er war es auch deshalb, weil die Zwangsarbeit auf Plantagen und auch die befohlene Anlage eigener Felder für eine Gruppe von Jägern etwas ganz anderes bedeutet als Zwangsarbeiten für eine Gruppe von Ackerbauern wie die Yira.

Die Reaktion der Komo auf die brutale Veränderung wurde von dem Kolonialagenten Dekoster so beschrieben, daß die Komo die Arbeit "haßten". Der

Zusammenhang mit dem rasanten Tempo, in dem die Veränderung voranschritt, war aber noch so evident, daß er den "Arbeitshaß" der Komo nicht als deren Grundeigenschaft ansah, sondern als Ausdruck der "Anpassungskrise". Im Zweiten Weltkrieg kamen im Rahmen des "effort de guerre" Arbeitsanforderungen hinzu, vor allem das Sammeln von Kautschuk, der von Belgien an die Alliierten geliefert wurde.

War die Arbeitszurückhaltung ursprünglich noch als Reaktion der Komo und nicht als deren Wesenseigenschaft verstanden worden - weniger normativ im Sinne des Kolonialismus würden wir heute nicht von "Anpassungskrise", sondern von passivem Widerstand sprechen -, so ging diese historische Sicht bei den späteren Kolonialherren und der administrativ-kommerziellen Elite verloren, und es verfestigte sich ein Stereotyp des arbeitsscheuen und faulen Komo.

Einige Bemerkungen und Hypothesen zur Situation der landwirtschaftlichen Produktion bei den Komo

Im Gegensatz zu den großen Fortschritten bei der Erforschung der präkolonialen Kultur der Komo stellen sowohl die autochthone wie auch die in der heutigen Zeit praktizierte Form ihrer Landwirtschaft Bereiche dar, über die bisher wenig bekannt ist. Im landwirtschaftlichen Bereich wird dieses Vakuum in ihrer Umgebung häufig durch Vorurteile und Stereotype ausgefüllt, vor allem durch das der "Faulheit". Dieser Vorwurf stützt sich im allgemeinen auf die Tatsachen, daß das wichtigste landwirtschaftliche Marktprodukt, der Reis, nur einmal pro Jahr angebaut wird, obwohl er zweimal angebaut werden könnte, und daß im allgemeinen zwischen der Einsaat und der Ernte keine weiteren Feldarbeiten stattfinden.

Wenn man von Vorurteilen und Stereotypen zum Verständnis der Komo-Landwirtschaft übergeht, so ist zunächst zu berücksichtigen, daß der wichtigste limitierende Faktor hier die menschliche Arbeitskraft ist. Dies unterscheidet die Komo-Landwirtschaft entscheidend von der Yira-Landwirtschaft, wo die Bodenknappheit diesen Faktor darstellt. Wenn bei den Komo wegen des demographischen Wachstums der Landbedarf größer wird - in allen Interviews wurde eine Vergrößerung der Feldgröße als wichtige Veränderung gegenüber der Vergangenheit erwähnt, so bedeutet dies, da ihr Gebiet ein dünnbesiedeltes Waldgebiet ist, keinen Landmangel, sondern primär erhöhten Arbeitsbedarf und sekundär längere Wegezeiten und Konkurrenz zu Jagdgebieten.

Da die schwerste und wichtigste zu verrichtende Feldarbeit (stärkster Engpaß) im Siedlungsgebiet der Komo das Abschlagen und Abbrennen der Bäume und Büsche ist, was den Männern obliegt, ist zunächst nicht zu verstehen, warum das geschwendete Land nicht intensiver genutzt wird, das heißt, daß

eingesät und geerntet und in den Feldern "Unkraut" gejätet würde - Tätigkeiten, welche die Frauen zu verrichten hätten.
Zur Erklärung dieses Sachverhaltes bietet sich zunächst die Hypothese an, daß eine intensivere Bodenbeanspruchung vermieden wird, um einen zu schnellen Fruchtbarkeitsabfall der fragilen Böden zu vermeiden und damit den Bedarf an Neu- und Wiederrodungen in Grenzen zu halten. Man könnte also von einer extensiven Landwirtschaft sprechen, die letztlich aus arbeitsökonomischen Gründen betrieben wird. Wenn man dies als generalisiertes Motiv und als "Philosophie" unterstellt, könnte man damit auch erklären, warum sehr arbeitsintensive Kulturen wie der Anbau von Erdnüssen nicht übernommen wurden (ihre Einführung wurde in den siebziger Jahren versucht).
Es ist angedeutet worden, daß die Banane als langjährige Hauptkultur sich oft im Wald spontan weiterverbreitet hat. Palmöl wird bis heute kaum von Palmenplantagen bezogen, sondern von wild im Wald wachsenden Palmen. Das traditionelle Sammeln von wilden Früchten spielt bis heute eine große Rolle. Die eigentlichen Felder erwecken dem Augenschein nach tatsächlich den Eindruck, verwildert zu sein. Ist dies aber ein Indiz für "Faulheit" und mangelndes Interesse an Landwirtschaft? Dieselbe Frage stellt sich für die Kombination der verschiedenen Kulturen, die weniger den Eindruck einer kalkulierten mixed culture erwecken, wobei höhere Ertragssicherheit durch Diversifikation mit einem Minimum an Nährstoffkonkurrenz der einzelnen Arten kombiniert ist, als den Eindruck von "Wildwuchs". Versucht man diese Sachverhalte in der Perspektive einer historischen Kontinuität zu sehen, so legt sich entgegen den Vorurteilen von Faulheit etc. die Hypothese nahe, daß die Komo ihre Felder nach dem Modell des Raumes anlegen, der ihre traditionelle Lebensgrundlage bildet, also nach dem Modell des Waldes. Der Wald stellt das Modell für Fruchtbarkeit dar, an dem sie sich orientieren.
Diese Hypothese könnte außer zur aktuellen Gestaltung ihrer Felder auch zur Erklärung anderer Fakten beitragen, darunter vor allem der Abneigung gegenüber der Plantagenwirtschaft als einer extremen Form von "rational" gestalteter Landwirtschaft. Diese Abneigung zeigt sich darin, daß die wenigen Plantagen, die in ihrem Gebiet existieren und die in der Kolonialzeit von Europäern angelegt worden waren (z. B. die bereits auf das Jahr 1929 zurückgehende Plantage SIMIS in Obokote, die von dem Portugiesen Belamino Poccas de Figueredo begonnen worden war), keinen Nachahmungseffekt ausgelöst haben. Es ist im Gegenteil dazu gekommen, daß die Bevölkerung in der Zeit der Rébellions, das heißt der Zeit des Zusammenbruchs der kolonialen und postkolonialen Ordnung (1964/65), Plantagen zerstört hat, um dort sogleich ihre Felder anzulegen und dem Wald eine Rückkehr zu ermöglichen (Pflanzung SOCIAK = Société Commerciale et Agricole de Kisangani in Obokote). Andere Plantagen sind aufgegeben worden: Dabei handelt es sich zum Teil um nicht mehr gepflegte und zuwuchernde Kaffeeplantagen in der

Nähe von Bitule, teils um Palmölplantagen bei Dörfern (z. B. Mundo), die später verlegt worden sind, wobei die Plantagen so dem Wald zurückgegeben wurden. Die in der Zone Lubutu existierenden Plantagen wurden 1988 von Europäern, Nicht-Komo mit engen Verbindungen zur Zentralregierung oder einem "exemplarischen Ausnahme-Komo", welcher seiner Ethnie entfremdet und mit der Nationalverwaltung verbündet ist, betrieben.

Auch auf der kognitiven Ebene, das heißt der Ebene botanischen Wissens, ist ein Waldbezug unverkennbar. Die Komo haben elaborierte Taxonomien von Waldgewächsen, die zum Teil mit ihrem kulturellen Symbolismus und den damit verbundenen Vorstellungen von Heilung zusammenhängen. Auf der anderen Seite stehen sie hilflos Ertragsrückgängen, etwa von Reissorten, gegenüber, deren Einführung in der Kolonialzeit durchgesetzt worden war: So erwies sich die genetische Degenerierung der in der Station Yangambi gezüchteten Reissorte R 66 als inkompatibel mit den einheimischen Fruchtbarkeitskonzepten, so daß sich die Komo nicht erklären konnten, wieso die Erträge immer mehr zurückgingen, obgleich man die Bedingungen der Natur nachbildete. Eine solche Hilflosigkeit wäre bei den Yira nicht möglich.

Es stellt keinen Widerspruch zu dem Gesagten dar, daß mit dem Einbruch der Modernität im Komo-Milieu und der "Aufweichung" des oben skizzierten Naturbildes, welche etwa seit Ende der siebziger Jahre im Komo-Gebiet zu verzeichnen ist, vereinzelte Versuche einer Landwirtschaft "auf freiem Feld" auftreten. So gibt es Individuen in einzelnen Dörfern, die sich ihre Kaffeeplantagen oder Erdnußfelder angelegt haben, oder einzelne Frauen, die außer Süßkartoffeln sogar Tomaten anbauen.[12] Es handelt sich hierbei um kulturell nicht integrierte Kulturen, deren Anbau vom Geldbedarf diktiert ist, um Einzelexperimente, die auf der Basis einer kulturell integrierten Subsistenz- und Marktproduktion unternommen werden. Die Hypothese über den Zusammenhang von Mischkulturen und Wald als dem Modell von Fruchtbarkeit wird gestützt, aber auch spezifiziert durch eine 1986/87 durchgeführte Untersuchung von Sugimura (1988) über den Zusammenhang zwischen der Komplexität der Mischkultur und der vorherigen Funktion der Felderde. Während bei nur dreijähriger Brache 56 Prozent von 137 befragten Komo-Bauern Mischkulturen anbauten, die sich aus zwei Pflanzenarten zusammensetzten, 34 Prozent Mischkulturen aus drei Komponenten, zehn Prozent Mischkulturen aus vier Komponenten und niemand noch komplexere Kultursysteme, bauten 70 Prozent auf der Erde, auf der vorher nie angebaut und die durch Abschlagen vom Urwald gewonnen worden war, Mischkulturen aus mehr als fünf Komponenten an. Das bedeutet, daß man dort, wo vorher Wald war, fast alles "durcheinanderwachsen läßt". Mischkulturen aus zwei und drei Komponenten sind nur mit jeweils sieben Prozent vertreten, und Mischkulturen mit vier Komponenten mit 15 Prozent. Die Komplexität der Mischkulturen auf Böden, die zehn Jahre brachgelegen hatten, liegt zwischen den skizzierten Extremfällen, sofern die Prozentanteile für Mischkulturen mit zwei, drei, vier und mehr als fünf Komponenten in dieser Reihenfolge 15, 8, 17 und 61 betrugen, also dazwischen lagen. Die Ergebnisse lassen sich inhaltlich so interpretieren, daß auf Feldern, auf denen sich vorher Wald befand, die dort vorgefundene Vegetationsform kultivierend nachgeahmt wird, daß aber auf Feldern, die stark für die Landwirtschaft beansprucht, also endgültig dem Wald entrissen werden, naturferne und von den Bedürfnissen und Prioritäten des Dorfes diktierte Zusammenstellungen angebaut werden.

Schlußfolgerungen

Die kontrastierende Untersuchung der Yira- und Komo-Gesellschaften, die sicherlich einen Extremgruppenvergleich darstellt, zeigt, daß sich zwei deutlich unterschiedene Identitäten im Hinblick auf die Naturaneignung herausgebildet haben. Diese erweisen sich in unterschiedlichen Konzepten von Natur-Fruchtbarkeit, welche sich auch in radikal unterschiedliche landwirtschaftliche Praktiken umsetzen. Bei dem gewählten Vergleich spielt eine unterschiedlich vorgestellte Funktion von Wald eine zentrale Rolle: Der Wald wird bei den Yira scharf abgegrenzt von Kultur und Agrikultur wahrgenommen, und zentrale Inhalte von Kultur und Agrikultur beziehen sich auf die Kontrolle dieser Grenzen. Bei den Komo hingegen wird zwar auch Wald von Dorf und Zivilisation abgegrenzt, doch bewahrt der Wald dabei Merkmale einer Lebensgrundlage und eines Modells von Fruchtbarkeit. Diese Unterschiede lassen sich durch unterschiedliche Lebensweisen erklären, die jeweils ihre historischen Wurzeln haben, so daß man von einer geschichtlichen Identität sprechen kann. Identität bedeutet nicht bloße Fortsetzung und Wiederholung des Traditionellen. Es gibt einen Wandel in der Naturaneignung, aber dieser Wandel ist keine bloße Veränderung, sondern eine Auseinandersetzung nach einer eigenen Logik. Veränderungen werden im Rückgriff auf eine historische Tiefendimension verarbeitet. Dies zeigt sich besonders in unterschiedlichen Reaktionsweisen auf die koloniale Landwirtschaft: Während die Yira vieles in der Annahme einer Geistesverwandtschaft aufnahmen und in ihre Systeme integrierten, standen die Komo ihr abwehrend gegenüber.

Literatur

Drevet, J.F., 1974: Les plantations européennes dans le Kivu d'altitude. Thèse doctorat, 3e cycle, Université de Paris X.
Cuypers, J.-B., 1975: Die Zwischenseen-Bantu des Kivu-Gebietes. In: Baumann, H. (Hg.): Die Völker Afrikas und ihre traditionellen Kulturen. Wiesbaden.
de Mahieu, W., 1980: Structures et symboles. Les structures sociales du groupe Komo du Zaïre dans leur élaboration symbolique. London-Leuven.
- 1985: Qui a obstrué la cascade? Cambridge-Paris.
Kabemba, A., 1986: Pénétration arabo-swahili et réaction des populations africaines: cas du Maniema. In: Les réactions africaines a la colonisation en Afrique Centrale. Actes du Colloque International d'Histoire. Kigali.
Kakule, K. Z., 1984: L'agriculture, base de développement autocentré du Nord-Kivu. Travail de fin de cycle. Université de Kinshasa, Faculté des Sciences Economiques (unveröffentl.).
Mashaury, K.T., 1982: Qui sont les Yira: Nande ou Kondjo? "Histoire d'une perte d'identité". In: Zaïre-Afrique, 168, S. 495-506.
1983 Dynamique de l'action missionaire catholique chez les Yira Occidentaux (1906-1959). Université de Lubumbashi, Thése, Faculté des Lettres (unveröffentl.).
Muhindo, M., 1976: Héritage de la colonisation dans la Zone de Beni. Travail de fin de cycle, Institut Supérieur Pédagogie de Bukavu (unveröffentl.).
Mwene-Batende, 1982: Mouvements messianiques et protestation sociale. Les cas du Kitawala chez les Kumu du Zaïre. Kinshasa: Faculté de Théologie Catholique.
Packard, R.M., 1976: The Politics of Ritual Control among the Bashu of Eastern Zaire during the 19th century. University of Wisconsin-Madison, Ph.D.-thesis (unveröffentl.)
- 1982: Chiefship and the history of Nyavinga-possession among the Bashu of Eastern Zaire. In: Africa, 52, 4, S. 67-86.
Remotti, F., 1987: Catégories sémantiques de l'éros chez les Wanande du Zaïre. In: L'Homme, 27, 3, S. 73-92.
Stahn, B., o.J.: Erziehungssystem der weiblichen Kumu am Beispiel des Dorfes Olema/NE Zaire. Bericht zur Lehrforschungsexkursion nach Zaire im Sommersemester 1988. Freie Universität Berlin, Institut für Ethnologie (unveröffentl.).
Sugimura, K., 1988: The indigeneous development of "mixed cropping" agriculture in Equatorial Africa. In: K. Sakamoto (Hg.), The structure of technique, economy and society of traditional agriculture in Equatorial Africa. Kyoto University, Faculty of Agriculture, Department of Agricultural and Forestry Economics.
Vansina, J., 1975: Die Völker des Balese/Komo-Gebietes. In: H. Baumann (Hg.), Die Völker Afrikas und ihre traditionellen Kulturen. Wiesbaden.
Waswandi, K.N., 1985: Nyamuhanga: la conception de Dieu chez les Nande du Zaïre. In: Cahiers des Religions Africaines, 19, 38, S. 249-268.

Anmerkungen

1   Die Darstellung basiert auf dem von der Stiftung Volkswagenwerk unterstützten Forschungsprojekt "Endogene Entwicklungsvorstellungen in Zaire", dessen Feldphase in den Jahren 1987 und 1988 stattfand. Der gesamte Forschungsbericht ist unter diesem

	Titel 1993 in Buchform erschienen (Verlag Breitenbach, Saarbrücken und Fort Lauderdale).
2	In diesem Beitrag werden sowohl die Bezeichnungen Yira wie Nande verwendet, wobei von Yira die Rede ist, wenn es um kulturelle Aspekte dieser Gruppe geht, und der Ausdruck Nande wird gebraucht, wenn es um interethnische Zusammenhänge geht.
3	Vgl. Cuypers, J.-P. 1975.
4	Es gibt eine Legende, wonach es einen gemeinsamen Ahnherren gegeben habe, der das Ufer unter seinen fünf Söhnen aufgeteilt habe.
5	Auch im Nande-Gebiet selbst war zwischen Dörfern ein Naturaltausch von Produkten üblich, auf die - etwa wegen natürlicher Standortbedingungen - die verschiedenen Dörfer spezialisiert waren.
6	Der Wortbeginn "eri" ist das Präfix für den Infinitiv; die Buchstabenfolge "eki" hinter dem Apostroph, welches ein ausgelassenes "a" signalisiert, ist Präfix der Nominalklasse des folgenden "hugo".
7	Fingerhirse gilt bei den Nande als heilige Nahrungspflanze.
8	Nach einer 1979 durchgeführten Untersuchung (Commercialisation des Produits Agricoles du Nord-Est du Zaire, Rapport Final 1981) wird etwa ein Drittel der mit landwirtschaftlichen Arbeiten zugebrachten Zeit auf Jäten verwendet.
9	In der Literatur ist auch häufig die Schreibweise Kumu anzutreffen, die sich auf die swahilisierte Form bezieht.
10	So der Agent du Territoire de Lubutu von 1943. Dekoster, zitiert nach Lovens : 30.
11	Bei diesen Umsiedlungsaktionen wurden oft ehemalige Militär eingesetzt.
12	Stahn, o.J.

"Lokales" Wissen und bäuerliche Naturaneignung in Benin

Lazare M. Séhouéto

Einleitung

Mein Beitrag bezieht sich auf ein Phänomen, mit dem Ethnologen glauben vertraut zu sein und dem andere Sozialwissenschaftler meist eine gewisse Skepsis entgegenbringen: das sogenannte "lokale" Wissen.[1] Die wissenschaftliche Gemeinschaft hat das Thema seit etwa zwei Jahrzehnten wiederentdeckt, obgleich es bisher noch eher marginal geblieben ist.

Ich möchte die Problematik des "lokalen" Wissens mit derjenigen der Naturaneignung verknüpfen - am Beispiel des umstrittenen "bäuerlichen Experiments". Damit möchte ich mich von Überinterpretationen verabschieden, die in den Debatten über Naturaneignung und lokales Wissen häufig vertreten werden. Ich halte die Naturaneignung bei den Bauern für einen Vorgang, der nicht aus Mythen, Fabeln, Kosmogonien, Reden usw. ableitbar ist. Dieser Vorgang sollte m. E. vielmehr in den bäuerlichen Entscheidungsprozessen verortet werden. Diese integrieren einerseits wichtige Parameter wie die Relevanzstrukturen der Bauern und ihre wirtschaftsanthropologischen, sozio-ökonomischen und natürlichen Beschränkungen. Andererseits stellen sie den alltäglichen Rahmen dar, in dem Wissen über die Natur erzeugt, transformiert, weitergegeben und angewandt wird.

Diese methodologische Position ist grundsätzlich besser vereinbar mit den Logiken der Bauern, wie ich sie im Laufe meiner Forschung feststellen konnte. Ich halte es daher für wichtig, die Logiken der Akteure - hier der Bauern - in der Gegenüberstellung ihrer Diskurse über sich selbst mit ihren praktischen Entscheidungen im Alltag zu untersuchen. Ebenfalls wichtig, aber nicht determinierend für ihre Produktionsentscheidungen sind die Diskurse, welche die Bauern über die Natur führen.[2]

Experiment und Wissen[3]

September 1989. Im Rahmen der Evaluierung eines sog. Integrierten landwirtschaftlichen Entwicklungsprojektes der GTZ legte das Experten-Team großen Wert auf die "Frauen-Dimension". Zwei einheimische Soziologie-Studentinnen wurden für die wissenschaftliche Mitarbeit gewonnen. Diese Kolleginnen habe ich im Dorf *Azəhe-Alixo* getroffen, wo ich selbst über Akzeptanz von Innovationen gearbeitet habe. Im Dorf haben die Kolleginnen zwei Frauen identifiziert, die als einzige ein greifbares Interesse am Projekt zeigten. Diese Frauen haben in vier verstreut liegenden, 2-3 m² großen Ecken auf ihrem ca. 1 ha großen Feld die vom Projekt eingeführten Maisvarietäten gepflanzt. Nach Aussage des im Dorf tätigen landwirtschaftlichen Beraters sind die Frauen nur sehr langsam "aufzuklären" (*hun nukun*: von *hun* = öffnen und *nukun* = Augen) und sehr schwer zur Übernahme der Innovationen zu bewegen. Meine Kolleginnen haben die Haltung der Frauen anders interpretiert: Sie seien an den Varietäten nicht interessiert, deswegen pflanzten sie so wenig davon. Die Haltung der Frauen sei kein Ausdruck der beginnenden Akzeptanz der Varietät, sondern habe die Funktion, dem Berater - mit dem die Frauen scheinbar enge Kontakte hatten - einen Gefallen zu tun. Damit kann er seinen Vorgesetzten zeigen, wie gut es ihm gelingt, die Frauen an Innovationen heranzuführen.[4]

Es ist jedoch auch eine andere Interpretation möglich, die von meinen späteren Untersuchungen gestützt wird: daß die Frauen ein Experiment durchführten, wie es bei den Bauern in der Lama-Region und auch in Waké üblich ist. Die Frauen haben auf ihrem Feld vier verschiedene Bodentypen identifiziert - wo wahrscheinlich die Agronomen nur ein oder zwei Bodentypen erkennen würden. Ihr Experiment besteht darin, das Verhalten der Varietäten auf diversen Bodentypen zu beobachten.

Wer nach bäuerlichen Experimenten sucht, muß enttäuscht werden, wenn er sich darunter besondere Versuchsfelder vorstellt: sie sehen sehr selten außergewöhnlich aus. Das Experiment kann sich beispielsweise innerhalb einer Palisade befinden, die als Dusche benutzt wird, oder direkt hinter dem Haus angelegt werden. Es kommt oft vor, daß die Bauern solche Versuche um ihre Schutzhütten herum in den Feldern unternehmen. Es kann manchmal auch ein besondereres Feld sein, wie ich an anderer Stelle gezeigt habe (Séhouéto, in Vorbereitung).[5]

Das Experiment spielt bei der Entstehung oder der Produktion des Wissens eine wesentliche Rolle. Dies sollte beachtet werden, umso mehr, als manche Autoren die Bedeutung der symbolischen Dimension übertreiben und die Art und Weise der Naturaneignung aus einer angeblichen Verankerung in indigener Spiritualität bzw. Kultur erklären (siehe u.a. Tillmann 1991, Lux 1990, Dah Gbenoukpo 1994).[6]

Endogenisierung und Weitergabe des Wissens

Die Bauern erwerben ihr Wissen nicht nur durch Experimente. Die aktive Endogenisierung von Wissen aus exogenen Quellen stellt ein anderes Merkmal der bäuerlichen Logiken dar. Mehrere Yams-, Süßkartoffel- und Maisvarietäten sind heute so "endogenisiert", daß man kaum einen Bauer davon überzeugen kann, daß diese Kulturen aus exogenen Quellen - Asien und Amerika - stammen (vgl. Manning 1982: 24). Die Bauern endogenisieren, d. h. vereinnahmen und transformieren das "universelle Wissen", das ihnen über die ländliche Beratung zukommt. Die ländliche Beratung bietet "administrative Innovationen" an, die selten ohne weiteres aufgenommen werden (Bierschenk und Elwert 1988). Wie Olivier de Sardan (1993: 49) es formuliert, sind die bäuerlichen Logiken durch "Selektion und Umlenkung (*détournement*)" geprägt (vgl. Séhouéto 1989, von der Lühe 1991, Olivier de Sardan und Paquot (Hg.) 1991). Das folgende Beispiel zeigt empirisch, wie solche Prozesse stattfinden können.

Fallbeispiel: Einsatz von Nutztieren zur Feldbearbeitung in Wakite

Im Oktober 1991 gehen die Projektstatistiken zur Förderung der tierischen Anspannung davon aus, daß zwei Bauern im Dorf Wakite (Kommune von Waké) diese Innovation angenommen haben. Einer der beiden ist der Bauer TM, Familienvorstand und *Délégué* des Dorfes.[7] Er erwarb vor einem Jahr mit Unterstützung eines von der Agrarverwaltung bzw. dem Projekt angebotenen Kredits zwei Ochsen und zählt somit zu den "Pilot-Bauern" der Region. In sie wurde die Hoffnung gesetzt, daß sie mit dieser technischen Innovation ihre Produktivität verbessern werden und ein Vorbild für andere Bauern sein könnten. TM hat jedoch seine Ochsen und die Geräte nicht auf seinen Feldern eingesetzt, sondern etwas anderes damit gemacht:

Die Ochsen sind in einer Hütte eingesperrt. Dort bekommen sie reichlich verschiedene Futtermittel (Blätter, Reis- und Hirsenkleie, Getreide, Yams und Yamsschalen etc). Der Fußboden der Hütte ist von Erdnußtrieben, Resten von Futtermitteln und Exkrementen bedeckt. Mit ihren Hufen drücken die Ochsen die Mischung durch. Jede Woche wird die Mischung weggeräumt und in eine Grube gefüllt (bis ca. 1,5 m tief, ca. 2 m Durchmesser). Hinzugefügt werden verschiedene wilde Leguminosen, Geflügel- und Kinderexkremente und Stücke von Termitenhügeln (die aus den Feldern zur Ernährung des Geflügels nach Hause gebracht werden). Wenn eine Grube gefüllt ist, wird eine andere ausgehoben. Kurz vor der Vorbereitung des Boden für die neue Saison wird der Kompost auf die Felder ausgebracht, die nahe am Dorf liegen. Diese Felder sind sehr degradiert, aber gerade hier werden Produkte angebaut, die zur Versorgung des Haushaltes dienen: Yams, Gemüse und manchmal Reis.

Auf Nachfragen, warum er seine Ochsen derart umfunktioniert habe, erklärte TM, daß er nie vorhatte, die Tiere auf seinen Feldern einzusetzen. In seiner Position als *Délégué* sollte er "guten Willen" gegenüber dem Vorstand der *Association de Développement* (Vereinigung für Entwicklung)[8] und der Agrarverwaltung zeigen. Von beiden Seiten habe er gehört, wie effizient der

Einsatz der Ochsen sei. Einer seiner Söhne habe ebenfalls die Vorteile der Verwendung von Tieren bei der Bewirtschaftung der Felder gelobt, die er in der Nachbarprovinz Borgou beobachten konnte. Er habe die Ochsen aber dennoch umfunktioniert, weil er fürchtete, sich aus dem *Xaa/a* auszuschließen. *Xaa/a* ist eine Arbeitsgruppe, die gegenseitige Leistungen bei der Feldarbeit erbringt. Da die besten Böden mindestens 15 km vom Dorf enfernt sind, ist es entscheidend, sich zur Feldbestellung zusammenzuschließen. Die "*culture attelée*" (Verwendung von Tieren bei der Feldarbeit) würde für ihn bedeuten, sich aus diesem Netzwerk auszuschließen. Die Ochsen können, meinte er, vielleicht beim Anbau großer Flächen helfen, sie können aber nicht vor Diebstahl oder vor der Zerstörung durch Tiere und Vögel schützen, wobei ihm sonst der *Xaa/a* helfen würde.

Dieses Beispiel zeigt, wie durch Selektion und Umlenkung bzw. Umfunktionieren einer Innovation und des damit verbundenen Wissens durch die Bauern Basis und Rahmen für diverse Experimente, Wissensentstehung und -weitergabe geschaffen werden. Ich konnte diverse Mais-, Maniok und Yamsvarietäten sowie Düngungspraktiken identifizieren, die ebenso entstanden und sich verbreiteten (bzw. nicht verbreiteten, wenn sie von den Bauern nicht als überlegen gegenüber bereits bekannten und angewandten Pflanzen oder Praktiken wahrgenommen wurden).[9] Die Verbreitung von Wissen läßt sich sehr wohl feststellen, aber schwer empirisch erklären. Für eine detaillierte empirische Erklärung fehlt es häufig an zuverlässigen Daten. Ich habe vorgeschlagen, die Diffusion von Innovationen und des Wissens im allgemeinen mit einigen Kategorien der Wirtschaftsanthropologie zu analysieren (Séhouéto, in Vorbereitung).

Wissensverbreitung zwischen Moral- und Marktökonomie

In den bäuerlichen Gesellschaften der Lama-Region und in der Region von Waké folgt die Verbreitung des Wissens grundsätzlich der Logik und den Mechanismen der Moral- und der Marktökonomie. Kategorien wie Gabe, Abgabe, Zusammenlegen, Redistribution, Reziprozität, Markt usw. (vgl. Elwert 1991) erlauben es, *spatial diffusion*-Ansätze (wie z. B. von Hägerstrand 1967) mit komplexeren Ansätzen, wie dem Modell von Rogers und Shoemaker (1971), zu verknüpfen. Dadurch ergibt sich die Möglichkeit, den Wert der Wissensangebote, die Effizienz der Kommunikation über die Angebote und die Entscheidungsressourcen der Akteure in einem kategorialen Rahmen zusammenzufassen, um Prozesse der Diffusion von Wissen zu erklären. Ich konnte empirisch einige Formen und Kanäle der Verbreitung von Wissen feststellen, die sich auf Regeln der Gabe, der Abgabe, der Redistribution, des reziproken Austauschs und des An- bzw. Verkaufs von Wissen beziehen.[10] Die Verbreitung von komplexen Technologien und Wissensbeständen sprechen für den Erfolg "endogener" Verbreitungskanäle. Ein Beispiel solch komplexer Technologie ist die Destillierung von Alkohol, die sich in den zwanziger Jahren von Südbenin aus bis zur Elfenbeinküste verbreitet hat.

Obwohl das Wissen sich als wichtige Ressource in Prozessen bäuerlicher Naturaneignung erweist, ist es keineswegs der einzige Entscheidungsparameter. Ich möchte im nächsten Schritt meiner Verknüpfung von Wissen und Naturaneignung diese Parametervielfalt betonen. Zugleich möchte ich mich damit von der Vorliebe mancher Autoren für Spiritualität und Religiosität als absolute Entscheidungsfaktoren der Bauern distanzieren. Wie der folgende Abschnitt zeigt, haben die Bauern einen durchaus taktischen Umgang mit der Natur und sogar mit kulturellen Handlungsnormen, etwa im Sinne eines "Austricksens".

Die Aushandlung "absoluten" Wissens und die Parametervielfalt bäuerlicher Entscheidungen

Tage des guten Omens, Tage des schlechten Omens: aushandelbarer Glaube

Die Haltung der Bauern gegenüber symbolischen Gegebenheiten, die auf ein rituelles Verhältnis (*ritual relation* nach Radcliffe-Brown, 1969: 123ff.) zurückzuführen ist, ist wesentlich flexibler, als diverse Autoren sie darstellen (vgl. z.B. Horton 1993, Lux 1990).

In der Lama-Region z.B. glaubt man, daß das Datum einen positiven oder negativen Einfluß auf den Verlauf und die Ergebnisse jeglicher Aktivität hat. Der Tag spielt eine entscheidende Rolle für die Feldarbeit, das Handelsgeschäft, die Lehre usw., die man an ihm anfängt: es soll ein "Tag des guten Omens" (*azan ∤agbe*) sein. Die Feststellung eines Tages, der unter einem guten Omen steht, erfolgt durch die Kombination von mindestens zwei Kriterien: des eigenen Geburtstags und des rituellen Kalenders.[11] Der rituelle Kalender wird immer weniger benutzt. Bevorzugt wird inzwischen ein 7-Tage Kalender, der dem internationalen Kalender entspricht. Jedem Tag wird jedoch weiterhin eine Bedeutung zugewiesen.[12] Am Anfang einer Saison sollte ein Bauer nur an einem "guten Tag" mit seiner Feldarbeit beginnen (oder zumindest einen schlechten Tag - *Azan nyannya* - vermeiden).

Wenn ein natürlicher Engpaß entsteht, umgehen die Bauern jedoch diese festen Regeln. Als ich nach ihrem Verhalten für den Fall fragte, daß es regnen würde und sie dadurch gezwungen wären, an einem "Tag des schlechten Omens" zu säen, beschrieben die Bauern verschiedene Optionen. Diese lassen sich in drei Verhaltensmustern zusammenfassen:

- Man wählt einen Tag aus, an dem formell mit der Arbeit begonnen wird. Nach diesem formellen und symbolischen Anfang spielt es keine Rolle mehr, an welchem Tag man die Arbeit fortsetzt.
- Da der Tag erst mit dem Sonnenaufgang beginnt, fängt man die Arbeit in der Nacht oder Dämmerung nach dem Regen an.
- Man fängt nicht selbst an, auf dem Feld zu arbeiten. Ein Verwandter, Freund oder Bekannter wird zu Hilfe gebeten. Er übernimmt den symbolischen Anfang, und dann setzt man selbst die Arbeit fort.

Die Vorgehensweise der Bauern in Entscheidungssituationen könnte man als symbolische Substitution und Reinterpretation der Symbole und Glaubensinhalte beschreiben, wenn symbolische und spirituelle Rahmenbedingungen überhaupt ins Spiel kommen.[13] Keinesfalls sollten die Bauern als eigenartige, vergeistigte Wesen gesehen werden, die bereit sein könnten, die praktischen Erfordernisse ihrer Ernährung zugunsten "traditioneller" Spiritualität zu vernachlässigen.

Ich bin schon seit langem gewöhnt zu hören, wie religiös die afrikanischen Bauern im allgemeinen und die Bauern aus Benin, dem Ursprungsland des *Vodun*, im besonderen sind. Um so überraschender waren die Ergebnisse meiner Untersuchung über die Entscheidungskriterien in der landwirtschaftlichen Produktion sogar für mich selbst. Bei den technischen Entscheidungen der Bauern werden sehr selten Parameter wie Tradition, Religion, Tabu, Verbot etc. als Begründung angesprochen. Dies möchte ich im folgenden Abschnitt anhand von Daten über Begründungen für die Kombination bzw. Nicht-Kombination von mehreren Kulturen auf dem gleichen Feld belegen.

Fallbeispiel: die Begründung einer Entscheidung

Bei allen Vorbehalten gegenüber der Analyse von Diskursen der Akteure durch standardisierte Daten ist festzustellen, daß bei der Frage, warum unterschiedliche Kulturen nicht auf dem selben Feld kombiniert werden, ökologische Überlegungen mit 56 Prozent eindeutig vor ökonomischen (25 Prozent) und religiösen (7 Prozent) stehen. Besondere Bedeutung und Priorität haben vor allem die Argumente der Konkurrenz zwischen den Kulturen (27 Prozent) und der Befürchtung von negativen Wirkungen auf den Boden (21,5 Prozent). Auffällig ist, daß die religiöse Rechtfertigung eine größere Rolle im Gebiet von Lama spielt (6,5 Prozent) als in Waké (weniger als 1 Prozent) (vgl. Tab. 1).

Tabelle 1
Begründung der Nicht-Kombination verschiedener Kulturen auf einem Feld
(Anzahl der befragten Bauern: 63, davon 33 in der Waké-Region und 30 in der
Lama-Region)

Nr.	Begründungen	Waké	Lama	Total	in Prozent
1	Religiöse Verbote, Tabu (oder crainte de la foudre, crainte de la variole)	1	10	11	7
2	Konkurrenz zwischen den Pflanzen (die Pflanzen "sind ähnlich", "verlangen die gleiche Ernährung", "belästigen sich gegenseitig")	16	26	42	27
3	"Die Assoziierung macht den Boden schwach"	19	14	33	22
4	"Es führt zu niedrigem Ertrag" (rendement)	23	15	38	25
5	"Die Kulturen verlangen unterschiedliche Nährstoffe" (sollen also auf unterschiedlichen Bodentypen gepflanzt werden) (nécessité de sols différents)	7	0	7	5
6	"Besonderer Anspruch" der Kulturen (Reis dreimal, Erderbse/-Bambara-Erdnuss einmal)	4	0	4	3
7	Ohne Ansicht oder "weiß nicht"	7	11	18	12
	Summe der Antworten	77	76	153	+/-100

Bei der umgekehrten Frage, weshalb unterschiedliche Kulturen auf dem gleichen Feld kombiniert werden, liegen die Verhältnisse ähnlich. Wie die Tabelle 2 zeigt, haben hier jedoch die ökonomischen Überlegungen (Begründung 1, 2, 4, 5) ein größeres Gewicht gewonnen.

Tabelle 2
Begründung der Assoziierung verschiedener Kulturen auf einem Feld
(Anzahl der befragten Bauern: wie oben)

Nr.	Begründungen	Waké	Lama	Total	In Prozent
1	- Um mehrere Produkte zu haben - Ungewißheit über den Ertrag der einen oder anderen Kultur - Um zu vermeiden, die ganze Saison zu verlieren	16	13	29	18
2	- Um von der guten Saison zu profitieren - Um von der Fruchtbarkeit des Bodens zu profitieren	27	19	46	28
3	Tradition, Routine, Erbe, uralte Praktiken	3	6	9	5
4	Bodenknappheit	8	16	24	15
5	Mangel an (finanziellen oder materiellen) Mitteln, um mehrere Felder zu bestellen	16	4	20	12
6	Mangel an Zeit, verhindert Überlastung	13	3	16	10
7	Die assoziierten Pflanzen konkurrieren nicht	2	10	12	7
8	Frühzeitiges Pflanzen einer bestimmten Varietät (z.B. Bohnen) mit Düngerfunktion in Feld einer anderen Kultur	0	1	1	1
9	Ohne Ansicht oder "Weiß nicht"	7	0	7	4
10	Summe der Begründungen	92	72	164	+/-100

Begründungen, die Tradition, Routine oder überlieferte Praktiken betreffen, erreichen kaum 6 Prozent. Religion im engeren Sinne war kein Thema. Wirtschaftliche Erwägungen summieren sich zu ca. 55 Prozent, während ökologische Argumente weniger wichtig sind als im Fall der Nicht-Kombination der Kulturen. Eine gute Saison und fruchtbarer Boden sind die wichtigsten Gründe für die Bauern, unterschiedliche Kulturen auf dem gleichen Feld zu kombinieren. Auch Bodenknappheit und klimatische Unsicherheit sind Motive dafür.

Schlußfolgerungen

Die Rede vom "lokalen" Wissen weckt viel Hoffnung, zum Beispiel, daß damit umweltfreundliche Ansätze gefördert bzw. entdeckt werden können. Unter diesem Blickwinkel erscheint "lokales" Wissen als ein gespeicherter Bestand, den man mit geeigneten Methoden rekonstruieren kann. Die praktische, alltäglich zu beobachtende Naturaneignung bei den Bauern zeigt aber, daß es hier vielmehr um einen Prozeß geht, in dem Wissen nicht nur aufgenommen, sondern auch neu geschaffen, endogenisiert und transformiert wird.

Die Naturaneignungsprozesse der Bauern unterstehen den dynamischen Rahmenbedingungen der bäuerlichen Gesellschaft. Verortet werden diese Prozesse im Alltag der produzierenden Bauern. Die bäuerlichen alltäglichen Entscheidungen beruhen auf vielen Parametern, die, je nach Kontext, überwiegend ökologischer oder ökonomischer Art sind. Die Kosmologie, der religiöse Glaube, die Tradition oder die symbolischen Werte spielen dabei eine geringe Rolle. Das bäuerliche Wissen als entscheidender Modus der Naturaneignung ist keine "totale" Institution, die weder individuelle Entscheidung noch Flexibilität ermöglicht. Sogar "absolutes" Wissen wie Religion und Glaubensregeln können Gegenstand von Aushandlungsprozessen sein. Die bäuerliche Logik erscheint hier als eine akkumulative und flexible Sammlung von Entscheidungsmöglichkeiten - unter Einschluß von Symbolen, Traditionen und Religiosität. Deshalb gelingt es den "einbeinigen" Angeboten und Argumenten von Entwicklungsprojekten nicht, die Bauern zu überzeugen, da sie immer wieder bestimmte, darunter auch "kulturelle" Faktoren, für Produktionsziele zu fixieren und zu instrumentalisieren suchen. Eine akkumulative und flexible Sammlung von Handlungsoptionen durch die Bauern induziert im übrigen keine zwangsläufige logische Kohärenz und kein geschlossenes System. Daher habe ich größte Vorbehalte gegenüber den Versuchen einiger selbsternannter Anwälte des "lokalen" Wissens, dieses ganzheitlich zu konstruieren.

Literatur

Adandé, Alexis, 1994: La métallurgie "traditionnelle" du fer en Afrique de l'Occidentale. In: Hountondji, J. Paulin, 1994 (Hg.): Les savoirs endogènes. Pistes pour une recherche. Dakar, S. 57-71.

Bierschenk, Th./Elwert, G., 1993 (Hg.): Entwicklungshife und ihre Folge. Ergebnisse empirischer Untersuchungen in Afrika. Frankfurt/M.

Dah, Gbenoukpo-Lokonon, 1994: Les "faiseurs de pluie": Mythos et savoirs dans les precédes trad.s. de gestion de l'athmosphère. In: Hountondji, J. Paulin, 1994 (Hg.): Les savoirs endogènes. Pistes pour une recherche. Dakar, S. 77-105.

Dupré, George, 1991 (Hg.): Savoirs paysans et développement. Paris.

Elias, Norbert, 1984: Über die Zeit. Arbeiten zur Wissenssoziologie II. Frankfurt/M.
Elwert, Georg, 1989: Evaluationsbericht des Projekts GTZ-CARDER-Atlantique. Berlin.
- 1991: Gabe, Reziprozität und Warentausch. Überlegungen zu einigen Ausdrücken und Begriffen. In: Eberhard Berg (Hg.): Ethnologie im Widerstreit. Kontroversen über Macht, Gesellschaft, Geschlecht in fremden Kulturen (Festschrift für Lorenz G. Löffler). München, S. 159-177.
Floquet, Anne, 1994: Dynamiques endogènes du changement technique et organisation paysanne. Une étude de cas du sud du Bénin. In: Jacob, Jean-Pierre/Lavigne-Delville, Philippe (Hg.): Les associations paysannes en Afrique. Organisation et dynamiques. Paris, S. 273-291.
Hägerstrand, T., 1967: Innovation, Diffusion as a Spacial Process. Chicago.
Horton, Robin, 1993: Patterns of Thought in Africa and the West. Essays on Magic, Religion and Science. Cambridge.
Houndonougbo, Victor, 1994: Processus stochastique du Fâ: une approche mathématique de la géomancie des côtes du Bénin. In: Hountondji, J. Paulin, 1994 (Hg.): Les savoirs endogènes. Pistes pour une recherche. Dakar, S. 139-157.
Hountondji, J. Paulin, 1994 (Hg.): Les savoirs endogènes. Pistes pour une recherche. Dakar.
Huizer, Gerrit, 1991: Popular Spirituality and Western Science: a Challenge to Developmentalists. Manuskript (unveröffentl.).
Leroi-Gourhan, A., 1945: Milieux et techniques. Paris.
Levy-Bruhl, Lucien, 1910: Les fonctions mentales dans les sociétés inférieures. Paris.
Levi-Strauss, Claude, 1962: La pensée sauvage. Paris.
Lühe, Nico von der, 1991: Transfer of Technology or Barter Trade? The Rural Extension Service in the Atlantique Province of Benin as a Market for Negotiating Ressources. In: Quarterly Journal of International Agriculture, 30, 3.
Lux, Thomas, 1990: Gespräche mit afrikanischen Krankenpflegern und Heilern: Bilder von Krankheit im Mikrokosmos von Malanville (Benin). Frankfurt/M. u.a.
Manning, Patrick, 1982: Slavery, Colonialism and Economic Growth in Dahomey, 1640-1960. Cambridge.
Metinhoué, Pierre Goudjinon, 1994: L'étude des techniques et savoir-faire: questions de méthode. In: Hountondji, J. Paulin, 1994 (Hg.): Les savoirs endogènes. Pistes pour une recherche. Dakar, S. 37-56.
Olivier de Sardan, J.-P., 1993: Bäuerliche Logiken und die Logiken der Entwicklungshilfe. Zu den Aufgaben einer Sozialanthropologie der "Entwicklung". In: Bierschenk, Th./-G. Elwert, 1993 (Hg.): Entwicklungshife und ihre Folge. Ergebnisse empirischer Untersuchungen in Afrika. Frankfurt/M.
Olivier de Sardan, J.-P./E. Paquot (Hg.), 1991: D'un savoir à l'autre. Les agents du développement comme médiateurs. Paris.
Radcliffe-Brown, A. R., 1969: Structure and Function in Primitive Society. London.
Richards, P., 1985: Indigenous Agricultural Revolution. Ecology and Food-production in West Africa. London.
- 1986: Coping with Hunger. Hazard and Experiment in an African Rice-farming System. Boston.
Rogers, E./F.F. Shoemaker, 1971: Communication of Innovations. New York.
Schlee, Günther, 1989: Identities on the Move. Clanship and Pastoralism in Northern Kenya. Manchester/New York.
Séhouéto, L., 1989: Les médias de communication en zone rurale dans la province de l'Atlantique. Rapport d'Etude.

- (in Vorbereitung): Savoir "local", savoir total ? Etude empirique de la production et de la diffusion des savoirs agricoles paysans au Bénin. Eléments pour une socio-anthropologie des savoirs "locaux". Thèse de doctorat. Freie Universität Berlin.
Touraine, Alain, 1993: Production de la société. Paris.
Tillmann, H. J., 1991: Traditionelles Wissen und Ökologie in den peruanischen Anden (Sozialanthropologische Arbeitspapiere 42). Berlin.

Anmerkungen

1   Schon am Anfang dieses Jahrhunderts hat die Ethnologie sich für das "Denken" (sowohl als Prozeß als auch als Ergebnis) bei den "Anderen" interessiert (vgl. z. B. Lévy-Bruhl 1910, Levi-Strauss 1962). Die Kognitionsethnologie erscheint heute auch als eine "systematische Erforschung kulturellen Wissens" (vgl. Antweiler 1993). Auch die Geschichtswissenschaft bzw. Archäologie haben dazu beigetragen, das Wissen der "Anderen" zu dokumentieren (vgl. Metinhoué 1994).
2   Touraine (1993: 43-72) hat u.a. darauf hingewiesen, daß die "Historizität" (*historicité*) der sozialen Prozesse zu beachten ist (vgl. das "sozio-symbolische Universum" bei Elias 1984). Touraine versteht unter Historizität die Fähigkeit der Gesellschaft, einen autonomen Bereich der Repräsentationen zu schaffen, der mehr oder weniger auf den sozialen Wandel einwirkt. Er schreibt: "La société humaine ne peut pas être réduite à un organisme se reproduisant immuable et ne se transformant que par des mutations provoquées par des événements internes ou externes; elle n'est pas seulement capable de s'adapter à un environnement changeant et de permettre constamment les règles de son fonctionnement. Elle est capable de poser à côté de l'ordre de ses activités, l'ordre de ses représentations. Elle possède une capacité symbolique qui lui permet de construire un système de connaissance et des instruments techniques par lesquels elle intervient dans son propre fonctionnement" (S. 43-44). In diesem Sinne halte ich es für angemessen, von "symbolischer Aneignung der Natur" in Afrika zu sprechen, nämlich als Teil der Historizität der Gesellschaften: Symbolische Naturaneignung ist historisch aus den strukturierenden Handlungen der Akteure heraus zu verstehen und zu analysieren.
3   Dem Beitrag liegt eine Feldforschung zugrunde, die - in mehreren Phasen zwischen 1989 und 1992 - in der Lamaregion (Südbenin) und der Region von Waké (Nordwest-Benin) durchgeführt wurde. In der Lama-Region befinden sich überwiegend die sog. *Gbe*sprachigen *Fɔn* und *Ayiza*. In Waké leben die *Lokpanyima* (Singular: *lokpató*), die mit den *Kabyé* (Nordtogo) verwandt sind und *Lokpa* - eine sog. *Gur*sprache - sprechen.
4   Zum Verhältnis zwischen Bauern und ländlichen Beratern in dieser Region vgl. auch Nico von der Lühe (1991).
5   Die Arbeiten von Richards (1985 und besonders 1986) gelten als Klassiker zum bäuerlichen Experiment in Westafrika. Er hat aber auch darauf aufmerksam gemacht, daß manche Experimente der Bauern nicht absichtlich und geplant stattfinden.
6   Horton (1993) argumentiert z. B., daß weder die abendländische Wissenschaft noch das "afrikanische traditionelle Denken" wert- und glaubensfrei seien (vgl. Huizer 1991). Er sieht aber einen Unterschied zwischen *African traditional thought* und *western science*, nämlich u.a. die Tatsache, daß in westlichen Gesellschaften ständig experimen-

tiert werde, während in afrikanischen Gesellschaften eine Tendenz zum Beibehalten etablierter Theorien bestehe.

7   Mit der politischen Wende 1990 in Benin wurde der Délégué in *Chef* umbenannt. Er vertritt sein Dorf gegenüber der Verwaltung.

8   In den meisten Kommunen in Benin gründeten sich seit den achtziger Jahren Vereinigungen, die sich für die Entwicklung ihres Ortes einsetzen. Es handelt sich überwiegend um Zusammenschlüsse von Beamten und einflußreichen "Söhnen des Ortes".

9   Historiker und Archäologen bieten weitere Beispiele an: die Metallverarbeitung, die sich bis nach Brasilien, wahrscheinlich über die Sklaven, verbreitete (vgl. Adandé 1994: 63-67) und die Herstellung von *Sodabi*-Schnaps (vgl. Metinhoué 1994: 50-54). Elwert (1989) hat das Beispiel der Herstellung von Holzkohle genannt. Erwähnenswert ist auch die Verbreitung des *Ifa* bzw. *Fa* in ganz Westafrika - ein Orakelsystem, dessen stochastische Aspekte der Mathematiker Houndonougbo (1994) hervorhebt.

10 Die wichtigsten Kanäle, die dabei identifiziert wurden, sind die sozialen Netzwerke der Zusammenarbeit, die Migration, der Diebstahl, der Zwang und einige kulturelle und religiöse Institutionen.

11 Der Tag, an dem man zur Welt gebracht wurde, ist für jedermann ein "Tag mit gutem Omen". Dies gilt jedoch auch für den darauffolgenden Tag. Wenn jemand am Montag geboren ist, hat er also Montag und Dienstag als "Tage des guten Omens". Der rituelle Kalender enthält neun Tage, die ab dem ersten Tag der Erscheinung des Mondes zu rechnen sind: 1. Tag: *Mɛj'ɔ*, "Person zur Welt gebracht"; 2. Tag: *Mɛku*, "Person gestorben"; 3. Tag: *Mɛzunvodun*, "Person zum *Vodun* (Gottheit) umgewandelt"; 4. Tag: *Azɔn* "Krankheit / Behinderung"; 5. Tag: *Vɔ*, "Opfergabe zur Vergebung / Sühneopfer / Leistung zur Milderung des Schicksals"; 6. Tag: *Hwɛ*, "Übertretung / Beurteilung"; 7. Tag: *Bo*, "Zauber"; 8. Tag: *Hɛn*, "Niederträchtigkeit / Schandtat / Schande / Bedürftigkeit"; 9. Tag: *Fa / Afa*, "Geomancie / Frieden, innere Ruhe". Die schlechtesten Tage sind der 2. und der 8. Die besten sind der 1. und 3. Der optimale Tag, um eine Tätigkeit anzufangen, ist derjenige, der sowohl aufgrund der Geburt als auch nach dem rituellen Kalender unter einem "guten Omen" steht.

12 Dadurch wurde es möglich, weitere "Eigenschaften" einzuführen, während die ursprünglichen Eigenschaften auf einige Tage konzentriert wurden. Z.B. ist Mittwoch der Tag der Bedürftigkeit, der Schande und des "Zaubers" (*Bo*) und Dienstag der Tag der Gewalt und der Unfälle geworden.

13 Mehrere Autoren beschreiben diese Flexibilität von Bauern und Viehzüchtern ihrem eigenen Glauben gegenüber, obwohl sie sie nicht als solche bezeichnet haben (vgl. z.B. die Untersuchungen von Schlee bei den ostafrikanischen *Rendille, Garre* und *Gabbra*, in: Schlee 1989: 54-56 und 66-67).

Agrarwirtschaft im Sahel-Sudan - Hungerwirtschaft oder Agrarkultur?

Thomas Krings

Einführung

Auch in den neunziger Jahren gilt Afrika in der Weltöffentlichkeit als *der Krisenkontinent par excellence*. Zerfallende staatliche Strukturen, mörderische Bürgerkriege, Flüchtlingsströme, Hungersnöte, die Jahrhundert-Dürre im südlichen Teil des Kontinents, der Tod ganzer Altersjahrgänge durch die AIDS-Pandemie in Zentral- und Ostafrika vermitteln den Eindruck einer unlösbaren kontinentalen Großkrise.

Auf diesem Hintergrund stellt sich die Frage nach der Überlebensfähigkeit und den Selbstregulierungskräften in ländlichen und städtischen Räumen Afrikas mit größerer Dringlichkeit denn je. Es wird immer deutlicher, daß weder mit milliardenschweren Aufwendungen in Entwicklungsprojekten noch durch westliche Militärinterventionen die Probleme der politischen Destabilisierung und der Unterentwicklung in Afrika zu lösen sind.

Hinsichtlich der *Ernährungsproblematik* wird hier die keineswegs neue These vertreten, daß trotz Modernisierung und Transformation der Landwirtschaft durch Weltmarktintegration in vielen ländlichen Regionen Afrikas im Subsistenzsektor ein beachtliches Entwicklungspotential in Gestalt von vielfältigen Anpassungsstrategien vorhanden ist, die noch schlimmere Auswirkungen im Bereich der Nahrungsmittelgrundversorgung verhindern. In den achtziger Jahren wurden zahlreiche empirische Belege für die Bestätigung dieser These aus der anwendungsorientierten Agrargeographie und Ethnologie vorgelegt (vgl. Richards 1986, Ibrahim 1987, Mortimore, 1989).

In diesem Beitrag werden zwei Fallstudien aus Mali vorgestellt, die die o.g. Thesen stützen. Am Beispiel des Agrarsystems der *Senoufo* in der südlichen Sudanzone soll gezeigt werden, daß hier trotz Weltmarktintegration (Baumwollanbau) in weiten Landesteilen eine noch weitgehend intakte Agrarkultur vorhanden ist, deren wesentliches Kennzeichen nach Gläser (1992) eine standortbezogene, nachhaltige Nahrungsproduktion ist. In der zweiten Fallstudie werden im Kontext eines von Downing (1990) und Bohle/Krüger (1992) entwickelten phasenhaften Nahrungskrisenmodells die Handlungsstrategien zur Überlebenssicherung eines Dorfes im südlichen Sahel mit stark aufgelöster Agrarkultur in einer konkreten Dürresituation aufgezeigt, die dennoch landläufige Vorstellungen einer "Hungerwirtschaft" im Sahel relativieren.

Eine Agrarkultur in der Sudanzone : Das Beispiel der *Senoufo* (Region Sikasso - Südmali)

Nach Gläser (1992: 67f.) wird unter Agrarkultur "die produzierende Interaktion zwischen Mensch und Natur im ländlichen Raum" verstanden. Agrarkultur umfaßt die standortgerechte Nahrungsproduktion, das Pflegen der Produktionsgrundlagen, ein standortbezogenes Ernährungsverhalten mit entsprechenden Präferenzen, das Zusammenleben der Bewohner, hohe Arbeitsteilung und agrarwirtschaftliche Kooperation in den Großfamilien innerhalb der dörflichen Gemeinschaft, die dörfliche Agrarverfassung mit Eigentums- und Nutzungsrechten sowie Regelungen der Erbfolge, Feste und Riten u.a. bei Aussaat, Geburt, Hochzeit und Tod. Im westafrikanischen Kontext wären gesellschaftliche Institutionen wie die horizontal zur Lineage-Struktur organisierten altersklassenmäßigen Feldarbeitsgemeinschaften der jüngeren Männer und Frauen hinzuzufügen.

Welchen Stellenwert hat eine so verstandene Agrarkultur für die lokale Ernährungssicherung in der westafrikanischen Savanne? Am Beispiel des Ressourcennutzungssystems der *Senoufo* in Süd-Mali soll versucht werden, ansatzweise eine Reihe dieser Fragen zu beantworten.

Das etwa eine halbe Million Menschen zählende, in zahlreiche regionale und sprachliche Untergruppen aufgegliederte Bauernvolk der *Senoufo* siedelt seit vielen Jahrhunderten im Dreiländereck der Staaten Mali, Burkina Faso und Elfenbeinküste im Bereich der sog. guineischen Baumsavanne, einer trockeneren Variante der Feuchtsavanne mit durchschnittlichen Jahresniederschlägen zwischen 1200 und 1500 mm. Die ursprünglich rein paläonigritische geistige und materielle Kultur der *Senoufo*, gekennzeichnet durch eine segmentäre soziopolitische Struktur kleiner isoliert lebenden Dorf-"Demokratien" entweder mit patri- oder matrilinearen Zügen, durch ein ridgides Altersklassen- und Geheimbundwesen (*poro*-Kult) und durch Ahnenverehrung, wurde im Laufe des 18. und 19. Jahrhunderts durch zahlreiche Kriege, ethnische Überlagerungen und Infiltrationen wie z.B. durch das Vordringen der islamischen *Mande-Dioula* und *Massina-Fulbe* von Norden nach Süden modifiziert. Das einzige größere zentralistisch organisierte politische Gebilde im *Senoufo*-Gebiet, das relativ kurzlebige Königreich *Kénédougou* mit der Hauptstadt Sikasso, wurde 1898 von den Franzosen abgeschafft und der Lebensraum der *Senoufo* durch die administrative Aufteilung auf drei Kolonien bis zum heutigen Tage zerstückelt. Trotz der Übernahme bestimmter Kulturelemente der staatlich hoch organisierten *Mande* (*Bambara*) wie z.B. des Berufskastenwesens und einer Form des Islams, die viele animistische Elemente enthielt, repräsentieren die *Senoufo* bis in die Gegenwart den Idealtypus einer sudanischen Hackbauernkultur oder einer "Zivilisation der Hirsespeicher". In Mali und in der Elfenbeinküste gelten die *Senoufo* als Ackerbauern *par excellence*. Kernelement ihrer

Agrarkultur ist die Institution Großfamilie, die als eine agrarische Gemeinschaft bezeichnet werden kann, die auf der kollektiven Organisation der Arbeit und auf dem kollektiven Konsum selbst erzeugter Agrargüter basiert (Sanogo 1989: 17f.).

Die *Bodennutzung* im *Senoufo*-Gebiet basiert auf zwei Grundpfeilern: Erstens auf dem Regenfeldbau im System der Landwechselwirtschaft im Bereich der Rumpf- und Fußflächen, zweitens auf dem Überschwemmungsfeldbau, der in der Form der *culture de décrue* betrieben wird. Hierbei wird mit dem Ansteigen des Wasserstandes in den Flußebenen Reisanbau betrieben. Etwa seit dem ersten Drittel dieses Jahrhunderts wurde auf Druck der Kolonialmacht der Anbau von Exportprodukten (zunächst Erdnuß, später Baumwolle) in Verbindung mit der Pflugkultur eingeführt. Seit den fünfziger Jahren ist das nördliche *Senoufo*-Gebiet, das von den *Miniyanka* besiedelt wird, das bedeutendste Baumwollanbaugebiet Malis. Heute sind die meisten *Senoufo* Mischproduzenten. Neben dem Exportprodukt Baumwolle, die in manchen Dörfern bis zu einem Drittel der dörflichen Landnutzungsflächen beansprucht, werden Überschüsse an Sorghum, Mais, Süßkartoffeln und Yams auf den regionalen Märkten verkauft. Ebenso werden Perl- und Truthühner vermarktet, wobei jedes Dorf auf die Vermarktung ganz bestimmter Agrarprodukte "spezialisiert" ist. Vergleichbare Beobachtungen zu dorfspezifischen "Bargeldstrategien" wurden in anderen Regionen Süd-Malis gemacht (z.B. für die Landschaft Ouassoulou südlich von Bamako durch Gnägi 1991, vgl. auch Abb. 1).

Das besondere und für die Ernährungssicherung entscheidende Moment der *Senoufo*-Agrarkultur besteht darin, daß eine Vielzahl von standortangepaßten Techniken und Strategien miteinander so vernetzt werden, daß ein erstaunliches Maß an nachhaltiger Bodennutzung und Risikominderung erreicht wird. Hierzu zählen:
- die Existenz einer großen Vielfalt an verschiedenen Nahrungskulturen unter Anwendung der Technik der Mischkultur, deren Bedeutung seit einigen Jahren von Agrarwissenschaftlern wieder neu entdeckt wird (vgl. Beets 1992; Steiner 1984; Kotschi *et al.* 1989);
- die Existenz einer großen Sorten/Varietätenvielfalt und damit das Erreichen einer überaus flexiblen Anpassung der Anbaukalender an gute und schlechte Niederschlagsjahre;
- die Anwendung differenzierter Techniken der Bodenbearbeitung im Handhackbau zum Zweck der Steigerung und Erhaltung der Bodenfruchtbarkeit und zur Bekämpfung der flächenhaften Erosion (*sheet erosion*);
- Herausbildung differenzierter Formen des marktorientierten Gartenbaus;
- Existenz und Beibehaltung verschiedener Formen der Agroforst- und Sammelwirtschaft (vgl. Krings 1992).

Das Prinzip "Nutzpflanzenvielfalt"

Das Klima der sudano-guineischen Savanne mit durchschnittlichen Niederschlägen von 1200-1400 mm im langjährigen Mittel, verteilt auf viereinhalb Monate, erlaubt eine vielfältige Nahrungspflanzenproduktion. Die traditionelle Grundlage für die Ernährungssicherung bildet der Getreideanbau, in erster Linie Sorghum, Pennisetumhirse, Reis sowie seit einigen Jahren vom Staat erfolgreich propagiert der Mais. Diese Getreidearten werden in Zwei- oder Dreifruchtmischkulturen angebaut, wobei in der Regel das *sequential cropping* praktiziert wird, d.h. es wird zunächst Mais, nach vier Wochen auf dem gleichen Acker Sorghum und/oder Pennisetumhirse ausgesät. Diese Strategie dient der Risiko-Minderung. Fällt die Maisernte ungünstig aus, kann zumindest bei Sorghum und Pennisetum noch mit mittleren Erträgen gerechnet werden. Diese Mischkulturen werden zwei bis vier Jahre hintereinander auf der gleichen Parzelle praktiziert, wobei im letzten Anbaujahr der Acker mit dem anspruchslosen Fonio (*Digitaria exilis*) bestellt wird. Der Anbau von Subsistenzprodukten findet vorzugsweise im Bereich der dorfnahen Innenfelder statt, wo aufgrund einer alljährlichen Düngung mit häuslichen Abfällen und Tierdung Dauerfeldbau möglich ist. Auf den Außenfeldern, die als isolierte größere Rodungsinseln im Buschland liegen, findet im Wechsel Baumwoll- und Getreideanbau statt. Von den Mineraldüngergaben im Baumwollanbau profitieren im nachfolgenden Jahr auch der Mais und die Hirse.

Das Mischkultursystem wird zusätzlich durch den Anbau von Körnerleguminosen wie der Augenbohne (*Vigna unguiculata*) und der Bambara-Erderbse (*Voandzeia subterranea*) sowie der fettliefernden Erdnuß bereichert, wobei deren Anbau in manchen Dörfern aus religiösen Gründen verboten ist. Die Augenbohne bildet den bevorzugten Mischkulturpartner für sämtliche Getreidearten, ausgenommen den Reis. Sie fördert durch ihre Eigenschaft, Luftstickstoff im Wurzelbereich anzureichern, das Wachstum des Getreides.

Eine wichtige Rolle für die Ernährung spielen verschiedene Hibiscus-Arten wie Okra (*Hibiscus esculentus*) und *oseille de Guinée* (*Hibiscus sabdariffa*), Gemüsepflanzen, die eine vitaminreiche Basis für Saucen liefern.

Zusätzlich erweitert wird das Spektrum der Nahrungspflanzen durch zahlreiche Knollen- und Wurzelfrüchte, die in jüngster Zeit wieder verstärkt angebaut werden. Zu nennen sind die Süßkartoffel (*Ipomoea batatas*), der Maniok (*Manihot utilissima*) sowie verschiedene Yams-Sorten (*Discorea spp.*). Die starke Ausweitung der Süßkartoffelflächen in einem ursprünglich fast nur auf Getreideanbau beruhenden Agrarsystem stellt eine Reaktion der Bauern auf den zunehmenden Bargeldbedarf dar. Vor allem Männer im Alter zwischen 20 und 30 Jahren bauen die Süßkartoffel als Cash-Crop an, um sich mit dem Erlös ein Fahrad zu kaufen oder Mittel für den Brautpreis zu erwerben.

Hinsichtlich ihres Nährwertes sind Wurzelpflanzen wertvoller als gemeinhin angenommen. Wurzelknollen von Maniok und der Süßkartoffel helfen mit ihrem hohen Stärkeanteil von bis zu 90 Prozent Trockenmasse eine saisonale Kalorienlücke vor der Getreideernte zu schließen. Maniok bietet den Vorteil, daß er unabhängig von der Jahreszeit geerntet werden kann und sofort als Nahrung zur Verfügung steht.

Das Prinzip "Sortenvielfalt"

Gleichrangige Bedeutung neben der Nahrungspflanzenvielfalt und den Mischkulturen hat für die *Senoufo* das Prinzip Sortenvielfalt. Die Strategie, eine möglichst große Anzahl von verschiedenen Hirse-, Bohnen und Yamssorten zu bewahren, ist unter den variablen Niederschlagsverhältnissen von zentraler Bedeutung. Um Ernteausfällen durch ungünstig verteilte Niederschläge vorzubeugen, werden Sorten mit variablen Wachstumszyklen und Bodenansprüchen angebaut. In Jahren, in denen sich ein Niederschlagsdefizit bereits zu Beginn der Regenzeit abzeichnet, muß eine schnellwüchsige Pennisetum-Varietät angebaut werden, die nicht länger als 90 Tage von der Aussaat bis zur Ernte benötigt. Spätreifende Hirsesorten mit einem 120-tägigen Zyklus werden in normalen bis guten Niederschlagsjahren angebaut. Wie in allen Agrarkulturen verfügen auch die *Senoufo*-Bauern über die im Laufe von Generationen gewonnene Fähigkeit, anhand bestimmter Witterungsabläufe den Verlauf einer Regenzeit abzuschätzen - vergleichbar mit den in Europa verbreiteten "Bauernregeln". Beginnt die Regenzeit spät, ist größte Vorsicht geboten, weil in diesem Falle häufig auch mit einem verfrühten Ende der Niederschläge gerechnet werden muß. In einer solchen Situation werden schnellwüchsige Varietäten bevorzugt. Beginnt die Regenzeit sehr früh, kann dies bedeuten, daß entweder eine lange kontinuierliche Niederschlagsperiode bevorsteht oder die Regenzeit von längeren Trockenphasen unterbrochen sein kann. In diesem Fall empfiehlt sich die Aussaat sowohl von schnellwüchsigen als auch von Sorten mit langem Vegetationszyklus.

Das Prinzip "differenzierte Bodenbearbeitung"

Von elementarer Bedeutung für eine dauerhafte Bodennutzung und damit erhöhte Nahrungsssicherheit ist die Erhaltung der Bodenfruchtbarkeit. Um der Nährstoffarmut der in den Savannenzonen weit verbreiteten fersiallitischen Böden (*Latosole*) zu begegnen, wenden die *Senoufo*, wie viele andere Völker in dieser Zone, zahlreiche Techniken der Bodenbearbeitung an, die von der modernen Agrarforschung noch kaum zur Kenntnis genommen bzw. sogar als rückständig eingestuft werden. Es sind dies bei den Hackbau treibenden Völkern anzutreffenden Methoden der tiefgründigen Bodenbearbeitung in Form von Pflanzhügeln und Pflanzdämmen (*cultivation pits* bzw. *ridge-farming*). Hierbei handelt es sich um Bodenbearbeitungsformen, bei denen bestimmte Methodenelemente, die auch im modernen *Ecofarming* angewendet werden, wie z.B. Gründüngung, Mulch, Komposteinsatz und Erosionsschutz, miteinander kombiniert werden.

So werden vor Beginn der Anbauperiode entweder im Großfamilienverband oder in altersmäßig organisierten Arbeitsgemeinschaften von Jungmännern aus verschiedenen Familien die Felder mit einem regelmäßigen Kleinrelief von 30-60 cm hohen Pflanzhügeln überzogen, in die organisches Material (Ernterückstände aus vorangegangenen Anbauperioden, Unkräuter, Laub, Gräser etc.) eingearbeitet werden.

Die Pflanzdämme, die zwischen 5 und 20 m lang sein können, sind eine Besonderheit im *Senoufo*-Gebiet. Das Anlegen dieser Dämme vollzieht sich folgendermaßen: Zuerst wird ein Graben von 30 cm Tiefe angelegt. Die anfallenden Grassoden werden mit den grünen Pflanzenteilen nach unten wallartig aufgeschichtet. Anschließend erfolgt auf der anderen Seite des Walles die Anlage eines zweiten Grabens. Wiederum legen die Bauern die Grassoden übereinander. Zuvor gesammeltes Savannengras, kleinere Zweige und Blätter verschiedener Pflanzen bilden die "organische Grundlage" der Grassoden. In einem weiteren Arbeitsgang erfolgt die Grabenvertiefung. Die anfallende Erde wird in mehreren Lagen locker auf die Dämme aufgeschichtet, bis alle Pflanzenteile mit Erdreich bedeckt sind. Für Wurzelfruchtkulturen (z.B. Yams) müssen die Dämme besonders hoch sein, so daß eine dritte Erdschicht aufgetragen wird. Zm Schluß erfolgt eine Abplattung der Dämme mit der Hacke. Das Einbringen von Mineraldünger in die Dämme ist nicht erforderlich, da die organischen Materialien im Innern des Dammes allmählich verrotten und die anfallenden Nährstoffe für die Nutzpflanzen verfügbar werden.

Die Gründe für die Anwendung dieser extrem arbeitsaufwendigen Techniken sind vielfältig. Die Hügel- und Dammkulturen bieten Schutz vor tropischem Starkregen. Das künstlich gestaltete Kleinrelief reduziert die Bodenabspülung. Das kostbare Regenwasser kann dadurch in den Feldern zurückgehalten werden und durchfeuchtet die Hügel und Dämme im Verlauf von mehreren Stunden durch Kapillaraufstieg. Die Damm- und Hügelkultur ist besonders für Wurzelfrucht- und Körnerleguminosen-Kulturen geeignet. Auf Hügeln und Dämmen angebaut, sollen, nach Angaben der Bauern, Erdnüsse und Erderbsen doppelt so hohe Erträge liefern wie bei Anwendung der Flachkultur.

Auf feuchten Standorten, z. B. in Spülmulden, kann durch das Anlegen von Dämmen ein Drainageeffekt erzielt werden. Bei oberflächennaher Lage des Grundwasserspiegels werden die Wurzelbereiche der Nutzpflanzen auf Dämmen aus dem Staunässebereich herausgehoben. Dadurch ist eine agrarische Nutzung der feuchten Niederungen mit ihren fruchtbaren Vertisolen vor allem für den Maisanbau möglich.

Von den Agrarberatern der CMDT (*Compagnie Malienne pour le Développement des textiles*), der größten parastaatlichen Entwicklungsorganisation im malischen Süden, werden die traditionellen Bodenbewirtschaftungsformen der *Senoufo* als "überholt" angesehen. Seit 1972 wird versucht, flächendeckend den Pflugbau, Reihensaat und Reinkulturen im gesamten südmalischen Raum einzuführen. Dabei sind die ökologischen Folgen des Pflugbaus (insbesondere bei Traktoreinsatz) verheerend. Im Gegensatz zum Handhackbau werden bei mechanischer Pflügung sämtliche Gräser, Kräuter, Sträucher sowie Nutzbäume mitsamt den Wurzeln aus den Feldern entfernt, um das Gerät sinnvoll einsetzen zu können. Auf den gepflügten Flächen sind Reinkulturen und Mineraldüngereinsatz (speziell bei Baumwolle) Anbauvorschrift. Während der Regenzeit besteht auf den in Reinkultur bestellten Feldern die Gefahr der Erosion durch Flächenspülung vor allem dann, wenn die Getreide- bzw. Baumwollpflanzen noch klein sind. Starkniederschläge führen auf den linienhaft gepflügten Feldern zu einem hohen Oberbodenabtrag durch die Bildung von Erosionsrinnen.

Marktorientierter Gartenbau

Noch wenig Beachtung im Rahmen der Hungerprävention finden die vielfältigen Formen des Hausgartenbaus, die vor allem in dichter besiedelten Agrarräumen für die Subsistenz- und Binnenmarktproduktion von großer Bedeutung sind. Bei den Hausgärten handelt es sich um multiple Ressourcennutzungssysteme, in denen Agroforstwirtschaft, Mischkulturen und Kleintierhaltung (Geflügel) miteinander vernetzt sind. Nutzflächen zwischen 0,3 und 0,5 ha herrschen vor. Bei den *Senoufo* sind die Frauen sehr stark im Marktgartenbau engagiert. Vor allem zwei Produkte spielen hierbei eine Rolle: der Ingwer (*Zingiber officinalis*) und die Erdmandel (*Cyperus esculentus*).

Der Ingwer wird als Agroforstkultur bevorzugt im Schatten größerer Bäume angepflanzt. Für diese "Unterbaumkultur" wählen die Bäurinnen Nere-Baumexemplare (*Parkia biglobosa*), die eine breite und dichte Krone aufweisen und deren feine Fiederblättchen dem Boden Stickstoff zuführen.

Die Erdmandel liefert 2 cm große Rhizome, die als Genußmittel auf vielen Märkten Süd-Malis angeboten werden. Diese *Cyperaceen*-Art benötigt während der Vegetationsperiode eine hohe Bodenfeuchtigkeit und bevorzugt sandigtonige Böden. Der Boden im Erdmandelbeet muß absolut unkrautfrei, tiefgründig gelockert und planiert sein. Die Oberfläche des Beetes ist dem Ökotop eines periodisch überfluteten Überschwemmungsareals angenähert. Dazu wird die Fläche mit einem kleinen Lehmwall umrahmt. Der Effekt besteht darin, daß nach Starkregen das Wasser nicht abfließt, sondern sich in dem eingerahmten Areal staut und langsam in den Boden infiltriert. Die Ernte erfolgt in der Trockenzeit und ist sehr mühsam. Mit der kleinen Frauenhacke (*katege*) müssen die Rhizome herausgehackt und anschließend in einem großen Metallsieb von der Bodenkrume gereinigt werden. Die Erträge liegen bei etwa 50 kg/30 m^2. Die Verkaufpreise pro 1 kg betrugen 1987 120 FCFA.

Zum Komplex der kleinbäuerlichen Marktproduktion gehört die im südlichen Mali sehr bedeutende Geflügelhaltung, die bei den *Senoufo* bei weitem die Subsistenzbedürfnisse übersteigt. Von manchen Familien werden bis zu 100 Perlhühner gehalten, die halbwild in Siedlungsnähe ihr Futter suchen. Haushühner werden in den Gehöften gehalten. Den Frauen und Kindern obliegt die Pflege der Hühner. Morgens werden die Küken in Körben in den Busch gebracht, wo sie mit Termiten gefüttert werden. Durch den Verkauf von bereits zehn Hühnern können im Verlauf der Regenzeit ca. 7000 FCFA erwirtschaftet werden.

Sämtliche der hier dargestellten Formen des Gartenbaus und der Geflügelhaltung basieren auf lokalen Mitteln und Techniken, es sind keinerlei kostspielige Fremd-*Inputs* notwendig. Aus diesem Grunde verdienen diese Formen der lokalen Bargelderwirtschaftung ein großes entwicklungspolitisches Interesse.

Formen lokaler Agroforst-und Sammelwirtschaft

In den Agrarlandschaften des südlichen Mali bilden, wie auch in anderen Regionen Westafrikas, parkartige Baumbestände in den Feldern einen festen Bestandteil der Ressourcenutzungssysteme.

Hierbei handelt es sich hauptsächlich um sog. Ausleseparks, wobei bestimmte Baumarten im Zuge der Landwechselwirtschaft nicht gerodet werden. Die Artenzusammensetzung dieser Baumparks gibt Aufschlüsse über die ökonomischen und ökologischen Strategien sowie über die Ernährungsgewohnheiten der jeweiligen Volksgruppen. Bei den *Senoufo* dominieren im Kulturland zwei Baumarten: Der Schibutterbaum (*Vitellaria paradoxa*; franz.: *Karité*) und der Nere-Baum (*Parkia biglobosa*). Die Dominanz dieser beiden Arten ist so regelhaft, daß man dahinter eine agroforstliche Strategie vermuten muß. Die *Karité*-Exemplare werden deshalb vor der Rodung bewahrt, da die Fruchtkerne für die Pflanzenfettgewinnung (*Karité*-Butter) genutzt werden können. Die Herstellung dieses Fettes gehört in Westafrika zum Tätigkeitsbereich der Frau. Die Schi-Butter bildet seit Jahrhunderten bei Völkern, die traditionell nur wenig Großvieh halten und dementsprechend über wenig tierisches Fett (Butter) verfügen, ein wichtiges Grundnahrungsmittel. Sie ist aber auch ein wichtiges Handelsprodukt. Nach Angaben der malischen Forstverwaltung wurden

1980 500 000 t Karité-Butter in den bäuerlichen Haushalten Süd-Malis produziert, von denen etwa 50 Prozent in den Export gelangten. Die Preise für Schi-Butter sind starken Schwankungen unterworfen. Sie variieren von Jahr zu Jahr und von Ort zu Ort. Im Jahr 1986 bewegten sie sich zwischen 150 und 350 FCFA/kg. Manche Frauen verdienen durch den Schi-Butterverkauf bis zu 30 000 FCFA. Diese Zahlen belegen den hohen ökonomischen Stellenwert der kleinbäuerlichen Karité-Wirtschaft.

Für das Nahrungssystem der Senoufo spielen auch die Früchte des Nere-Baumes eine große Rolle. Die Hülsen enthalten ein gelbes Fruchtfleisch und proteinreiche Samen, aus denen soumbala, eine sehr nahrhafte Würzpaste hergestellt wird, welche die Grundlage für verschiedene Saucen darstellt. Auch die soumbala-Vermarktung stellt für viele Frauen eine wichtige Bargeldquelle dar.

Aus der Perspektive der Agrargeschichte stellt sich die Frage, warum sich gerade im Senoufo-Gebiet eine weitgehend intakte Agrarkultur erhalten hat. Zunächst ist auf die relativ günstigen geoökologischen Bedingungen in der Südsudanzone mit ihren relativ hohen Jahresniederschlagssummen um 1200 mm und der im Vergleich zum eigentlichen Sahel zwei bis drei Monate längeren Vegetationsperiode, zu verweisen. In dieser Zone können neben dem Sorghum- und Pennisetum-Anbau auch die Sumpfreiskultur, der Mais- und Knollenfruchtanbau ertragreich betrieben werden. Leguminosenkulturen wie Erdnuß und Erderbse liefern wesentlich höhere Erträge als in der Sahelzone. Eine noch wichtigere Rolle für die Persistenz einer "Senoufo-Agrarkultur" spielen soziokulturelle Gründe, wie die durch den Ahnenkult, die Verehrung von Boden-, Luft- und Pflanzengeistern begründete enge Beziehung zur Umwelt, insbesondere zum Boden, der als "heilig" angesehen wird. Von ihrer Selbsteinschätzung her empfinden sich die Senoufo als Bauern. Dies wird auch durch ethnolinguistische Befunde bestätigt. Im Begriff Senoufo sind die Wortwurzeln "se" (Feld) und "nao" (Abstammung) enthalten. Die Angehörigen der Senoufo bezeichnen sich als als diejenigen, "die mit den Feldern verbunden sind". Sie grenzen sich damit von den Handel und Viehhaltung treibenden islamisierten Mande-Dioula ab, die eine wesentlich geringere affektive Bindung zum Boden haben und nur einen sehr spekulativen, extensiven, wenig ressourcenschonenden Feldbau betreiben. Gefahr droht dieser Agrarkultur durch eine immer stärker werdende Zurückdrängung traditioneller Werte durch die Ausbreitung des Islams nach Süden. So läuft seit einigen Jahrzehnten ein sog. Prozeß der "Dioulaisierung". Damit ist verbunden, daß junge Senoufo-Bauern ihren animistischen Vornamen zugunsten eines islamischen ablegen, sich vom Großfamilienverband loslösen und eine "modernere Form" der Landwirtschaft betreiben, die, basierend auf dem Pflugbau, dem Baumwollanbau einen größeren Stellenwert einräumt und im Subsistenzsektor zu einer Rückdrängung der

Nahrungspflanzenvielfalt zugunsten von wenig dürreresistenten Mais-Reinkulturen führt.

Hinsichtlich der Ernährungssicherung müssen jedoch gerade Prinzipien wie große Nutzpflanzenvielfalt, multiple Bodennutzungsstrategien mit agroforstlicher Komponente, hinsichtlich der ökologischen Nachhaltigkeit kleinräumige Bodennutzungsmuster mit intensiver Bodenbearbeitung, wie sie in den noch wenig islamisierten Räumen der *Senoufo*-Region anzutreffen sind, als besonders erhaltenswert angesehen werden.

Die folgende Fallstudie des Dorfes Gallo im Südsahel zeigt aufgrund der labilen naturgeographischen Bedingungen und eines weit fortgeschrittenen Verfalls der Großfamilienstrukturen (großes Dürrerisiko, Abnahme der Bodenfruchtbarkeit, hohe saisonale Abwanderungsraten von Männern und Frauen der aktivsten Altersjahrgänge) deutliche Auflösungserscheinungen der Agrarkultur. Landwirtschaftliche Produktionsstrategien (Getreideanbau, Viehhaltung) werden besonders in Dürreperioden durch Wanderarbeit und Einkommensstrategien in weit entfernt liegenden geographischen Räumen ersetzt. Die neu entstehenden Formen der Überlebenssicherung müssen nun als Reaktion auf graduell sich verschärfende, phasenhaft verlaufenden Nahrungskrisen gesehen werden. Hierzu ist zunächst ein theoretischer Exkurs über Nahrungskrisen erforderlich.

Das Phasenmodell einer sahelischen Nahrungskrise (vgl. Abb. 2)

Zahlreiche empirische Fallstudien in verschiedenen Regionen Afrikas haben nachgewiesen, daß Nahrungskrisen als Ergebnis eines länger andauernden Prozesses verstanden werden müssen, in dessen Verlauf die Gefährdung bestimmter Bevölkerungsgruppen durch Nahrungsmittelmangel zunimmt und die Möglichkeiten einer erfolgreichen Krisenbewältigung immer weiter eingeschränkt werden (vgl. Bohle 1992). Dieser sozioökonomische Prozeß, der zu Hungerkrisen führt, weist nach Downing (1990) einzelne Entwicklungsstadien auf, die jeweils durch eine verstärkte Anfälligkeit bestimmter Gruppen für Nahrungskrisen und eine erhöhte Destabilisierung lokaler Nahrungssysteme gekennzeichnet sind, bis eine akute Hungersnot eintritt.

Das erste Stadium bezeichnen Downing (1990) und Bohle/Krüger (1992) als "Grundanfälligkeit" (*baseline vulnerability*). Sie ist in einer Reihe struktureller Langzeitfaktoren begründet. Zu diesen gehören sozioökonomische, innenpolitische und demographische Instabilitäten, die in enger Verbindung zu den natürlichen Ressourcen und Landnutzungssystemen stehen. Bezogen auf die Sahelländer Westafrikas wurden solche Instabilitäten durch die lange nachwirkenden Folgen der agrarischen kolonialen Exportökonomie, den seit Jahrzehnten sich verstärkenden Steuerdruck, die Zunahme der Bevölkerung und die damit einhergehende zunehmende Belastung des Naturpotentials, aber auch durch die Mißwirtschaft in Form einer antibäuerlichen Agrarpolitik der postkolonialen Staatsbürokratien begünstigt. Nach Lachenmann (1990) haben viele Sahelländer aufgrund der Destabilisierung der ländlichen Produktions- und Sozialsysteme schwerwiegende Schäden durch Ressourcenübernutzung erlitten. Der gegenwärtig physiognomisch sichtbare Niederschlag solcher Instabilitäten sind Phänomene der Desertifikation oder Erscheinungen sozialer Marginalisierung bestimmter Bevölkerungsgruppen, erkennbar durch das Anwachsen von ungeplanten meist nomadischen Flüchtlingssiedlungen am Rande der Provinz- und Hauptstädte der Sahelländer. In diesem primären Stadium ist die Ernährungssituation gefährdeter Gruppen zwar labil, aber es kommt zu keiner akuten Hungerkrise. Jedoch führen bereits kurzfristige Änderungen des labilen Zustands der Grundanfälligkeit bei fehlenden Präventionsmaßnahmen vor allem infolge *saisonaler* Fluktuationen, z.B. durch das temporäre Ansteigen der Getreidepreise oder die Verschlechterung der monetären Austauschrelationen zwischen Getreide- und Viehprodukten auf den Märkten, zu einer erhöhten Anfälligkeit (*current vulnerability*) marginalisierter Gruppen gegenüber Nahrungskrisen (Phase 2 des Modells). Insgesamt verschlechtert sich in diesem zweiten Stadium die Ernährungssituation deutlich. Fleisch und Milchprodukte verschwinden vom Speiseplan, oft nehmen die Menschen nur noch eine Mahlzeit pro Tag zu sich. Der Anteil von Wildgetreide und Wildfrüchten an der Ernährung nimmt zu.

Bei zunehmender Destabilisierungsdynamik, in der Gegenwart ausgelöst durch Bürgerkriege, Flüchtlingsmigrationen oder Naturkatastrophen (Dürre, Überschwemmung, Heuschreckenplagen), erfolgt der Eintritt in die dritte Phase des Modells, der eigentlichen Hungerkrise (*famine crisis*).

Das Nahrungssystem kollabiert, der kritische Wendepunkt wird erreicht. Fehlen in einer solchen Situation Gegenmaßnahmen in Form von staatlichen Interventionen durch Lagerverkäufe von Getreide oder in Gestalt von kostenloser Nahrungshilfe bzw. durch eigene Überlebensstrategien der Bevölkerung, kann es zu einer Hungerkatastrophe (*famine disaster*) mit einem vollständigen Zusammenbruch des Nahrungssystems kommen (Phase 4).

Stabilisierungsphasen bzw. Gegensteuerungen durch die betroffenen sozialen Gruppen können in ihrem Verlauf vielfältig sein und setzen zu unterschiedlichen Zeitpunkten des Hungerprozesses ein.

Im Regelfall verbessert sich nach einiger Zeit die Ernährungssituation, so daß wieder ein Eintritt in den Zustand der Grundanfälligkeit erfolgt, oft jedoch auf einem deutlich höheren Instabilitätsniveau (vgl. Bohle/Krüger 1992: 261).

Ein Beispiel für die endogene Bewältigung von saisonalen Hungerkrisen aus dem Südsahel von Mali

Im Sahel wird am häufigsten die Phase 2 des oben skizzierten Nahrungskrisenmodells, die sog. *current vulnerability*, erreicht. In manchen Jahren treten in dieser Zone saisonal und regional begrenzte Hungersnöte auf, aufgrund eines ungünstigen Verlaufs einer Regenzeit im Anbaujahr mit negativen Konsequenzen für die Ernährungslage der Bevölkerung im nachfolgenden Jahr.

Die kritische Jahreszeit für große Bevölkerungsteile in den ländlichen Räumen der Sahel-Sudan-Länder ist die sog. *période de soudure*. Dies ist der Zeitraum vor der neuen Getreideernte, wenn die Vorräte vom Vorjahr aufgebraucht sind. In der Regel kann das Stadium der *current vulnerability* durch lokale endogene Strategien bewältigt werden.

Einen brillianten empirischen Beleg hierfür liefert die Untersuchung von Cekan (1992) zu den saisonalen Hungervermeidungsstrategien der Bevölkerung in fünf Dörfern im Kreisgebiet von Nara im nordwestlichen Sahel der Republik Mali. Am Beispiel von Gallo, einem der fünf von Cekan untersuchten Dörfer, sollen diese Überlebensstrategien näher beleuchtet werden.

Das Dorf Gallo (*Cercle de Nara*) liegt etwa 70 km südwestlich des kleinen Verwaltungszentrums Mourdiah, in der südlichen Sahelzone von Mali, wo etwa 500 mm Jahresniederschlag bei hoher interannueller Variabilität fallen. Die Bevölkerung setzt sich aus *Sarakolle* und *Bambara* zusammen. In der humiden Jahreszeit (Juni-September), wenn Pennisetum und Sorghum im Regenfeldbau angebaut werden, beträgt die Einwohnerzahl ca. 1000 Personen. In der neunmonatigen Trockenzeit leben in diesem Dorf nur noch etwa 250 Personen, meist Frauen, Kinder und Alte. Für die Bevölkerung von Gallo ist -wie bereits angedeutet - der Zeitraum vor der neuen Getreidernte hinsichtlich der Ernährungslage am schwierigsten. Im Sahel kann diese *période de soudure* sehr unterschiedlich lang sein, je nachdem wie die Getreidernte im Vorjahr ausgefallen ist. In unserem Beispiel wird die *période de soudure* im Frühjahr 1991 behandelt. Die Zeit des Nahrungsmittelmangels setzte 1991 besonders früh ein, weil die Getreidernte im Oktober 1990 extrem schlecht ausgefallen war. Die Gründe hierfür waren ungünstig verteilte Niederschläge, Heuschreckenplagen und Schäden durch Vogelfraß kurz vor der Ernte. Etwa 60 Prozent der bestellten Felder lieferten nur 20 Prozent des Normalertrages.

Bereits Ende Januar 1991 waren die bäuerlichen Getreidespeicher nur noch zu einem Viertel gefüllt. Eine frühe und harte *période de soudure* stand bevor. Auch die kleine Getreidebank der staatlichen OPAM-Behörde (*Office des Produits Agricoles du Mali*) war aufgrund des schlampigen Managements bereits im März leer. Der Dorfchef von Gallo bat schriftlich bei der Kreisverwaltung von Nara um 100 t Getreide zur Überbrückung der schwierigen Phase. Er erhielt nicht einmal eine Antwort.

Welche Strategien wurden nun von der Bevölkerung verfolgt? Ab Januar verließ ein Teil der männlichen Bevölkerung das Dorf, um auf Wanderarbeit zu gehen. Je nach ökonomischer Lage der einzelnen Großfamilien ergaben sich verschiedene Migrationsmuster. Normalerweise migrieren Männer der Altersgruppe 18-40 Jahre. In diesem kritischen Frühjahr 1991 nahmen aber auch viele Frauen, die gerade keinen Säugling hatten, die Wanderarbeit auf.

Die Zielgebiete der männlichen Migranten sind die Kaffee- und Kakao-Pflanzungen, aber auch die Städte im Süden der Elfenbeinküste. Die Frauen verdingen sich als Hausangestellte oder Kleinhändlerinnen in der Hauptstadt Bamako.

Der Exodus der erwerbsfähigen Bevölkerung von Gallo hatte aber auch den Zweck, die Nachfrage nach Lebensmitteln im Dorf künstlich zu verringern, und muß als eine Maßnahme des Nahrungsmanagements angesehen werden; denn bei Nahrungsmittelknappheit werden die verbliebenen Vorräte hauptsächlich für die Kinder und ganz alten Personen "reserviert". Ab April beschränkte sich die Nahrungsaufnahme auf eine warme Mahlzeit pro Tag. Sie bestand aus Hirse-Brei mit einer Sauce aus Blättern des Baobab-Baumes (*Adansonia digitata*). Daneben wurden auch Larven von Heuschrecken gegessen, die von Kindern auf den Feldern ausgegraben wurden. In Gallo stellte sich also nicht die Frage, ob weniger gegessen werden sollte, sondern nur die Frage, ab welchem Zeitpunkt man die Mahlzeiten einschränken sollte. Auch aus einem anderen Grund wurde ab April nur noch eine warme Mahlzeit gegessen. Man mußte Nahrungsmittel für die Periode aufsparen, in der die anstrengende Feldvorbereitung stattfindet. Dies ist in Gallo der Zeitraum April bis Ende Mai.

Im April versuchten einige Bauern Ziegen auf dem Markt von Mourdiah zu verkaufen. Obwohl der Preis mit 3000 FCFA niedriger lag als im Dezember 1990 (5000 FCFA pro Ziege), fanden sie keine Käufer. Der Bargeldmangel zu dieser Jahreszeit in der gesamten Region führt zu einem Preisverfall für Kleinvieh. Das Angebot an Tieren war viel höher als die Nachfrage.

Eine weitere Nahrungssicherungsstrategie der ärmeren Familien bildete in der Trockenzeit die Sammelwirtschaft, mit der man in Gallo ab Dezember 1990 begann.

Gesammelt wurden Samen von Wildgräsern, Baumfrüchte und Blätter. Diese Strategie wird angewendet, um nicht bereits am Anfang der Trockenzeit Vieh verkaufen zu müssen. Vieh hat im bäuerlichen Milieu die Funktion einer "eisernen Reserve", welcher man sich nur im äußersten Notfall bedient.

Einen bedeutenden Stellenwert im Rahmen dieser endogenen Nahrungskrisenbewältigung nehmen die vielfältigen Strategien zur Erwirtschaftung von Bargeld ein. Zu erwähnen ist die marktorientierte Sammelwirtschaft von Brennholz. Dies ist ein typischer Erwerbszweig der ärmeren Bevölkerungsteile, in dem vor allem Frauen und Kindern tätig werden. Ähnliches gilt für das

Sammeln und Vermarkten wilder vegetabiler Produkte. Auch die Erträge aus dem bewässerten Kleingartenbau (Zwiebeln, Kohl) dienen zur Erwirtschaftung von Bargeld. In Dürreperioden kann diese Strategie durch Wassermangel jedoch nicht angewendet werden. Hinzu kommen typische Erwerbsquellen für Frauen wie z.B. das Färben von Baumwollstoffen mit Indigo sowie der Verkauf von gesponnener Schafwolle.

Als Ergebnis läßt sich festhalten: Periodische Hungerkrisen in der Vorerntesaison werden durch eine Bündelung bzw. zeitliche Staffelung verschiedener Aktivitäten und Verhaltensweisen bekämpft (vgl. Abb. 3). Hierzu zählen die saisonale Aufteilung der Familienverbände aufgrund der Wanderarbeit, präventives Fasten für noch schlimmere Zeiten, Einsparung von Nahrung dadurch, daß man auf Sammelprodukte zurückgreift, der Verkauf von Kleinvieh, Gemüse, handwerklichen Produkten, Brennholz und Heu sowie die Lohnarbeit außerhalb des Dorfes.

Vergleichbare Überlebensstrategien finden sich in vielen sahelischen Gesellschaften, so etwa bei den nomadischen *Twareg Kel Ewey* in der Republik Niger (vgl. Spittler 1989). In einer jüngsten Veröffentlichung weist Spittler (1994: 413) darauf hin, daß es nicht die technisch-instrumentellen Überlebensstrategien allein sind, welche die Menschen zu einer Bewältigung von Hungerkrisen befähigen, sondern vor allem der sozialpsychologisch wichtige Effekt der zwischenmenschlichen Kommunikation unter den Betroffenen. Es erscheint plausibel, daß zur Bewältigung existentieller Krisen die Artikulation von Ängsten, das Gespräch mit den Alten, islamischen Geistlichen, die frühere Krisen erlebt haben, einen stabilisierenden Effekt haben, weil frühere Erfahrungen mit dem Umgang von Extremsituationen nutzbar gemacht werden können.

Schlußbetrachtung

Welche Schlußfolgerungen ergeben sich aus diesen beiden Fallstudien für eine langfristige, regionale Besonderheiten berücksichtigende nachhaltige Ernährungssicherungspolitik ?

In südsudanischen Regionen, wo in normalen Jahren die Subsistenzproduktion gesichert ist, sollte darauf geachtet werden, daß die Vielzahl der von den Bauern im Laufe der Zeit an unterschiedlichen Standorten entwickelten multiplen Ressourcennutzungsstrategien erhalten bleiben. Dem mit modernen Methoden betriebenen Baumwollanbau sollte nur eine ergänzende Funktion zur Deckung der wichtigsten Bargeldbedürfnisse zukommen. Eine Beschränkung des Baumwollanbaus erscheint auch auf dem Hintergrund der langfristigen Ernährungssicherung dringend erforderlich, um Landreserven für die Nahrungsmittelproduktion künftiger Generationen zu erhalten. Im relativ dünn besiedelten Südmali wird die *shifting cultivation* noch geraume Zeit das vorherrschende Bodennutzungsystem bleiben.

In den ökologisch labilen sahelischen Regionen mit agro-pastoraler Wirtschaftsstruktur muß es darum gehen, saisonalen Nahrungskrisen (*current vulnerability*), aber auch akuten Hungerkrisen im Verlauf von Dürreperioden (*famine crisis*) zu begegnen. Hier reichen Produktionsstrategien oder sich erst langfristig auswirkende Ressourcenschutzmaßnahmen allein nicht aus. Notwendig ist ein verbessertes Management der dezentralen Lagerung von Getreidesicherheitsreserven und die Eröffnung neuer Verdienstmöglichkeiten der Bevölkerung im Handwerk (Töpferei, Weberei). In akuten Krisensituationen sind auch temporäre "*food-for-work*-Programme" denkbar (vgl. Hein 1993).

Nur durch die Mobilisierung aller (noch) vorhandenen endogenen Wissensbestände und Selbsthilfekräfte und durch die Schaffung geeigneter Rahmenbedingungen durch den Staat und die Geberländer kann in den ländlichen Räumen Afrikas ein Abgleiten in die "Hungerwirtschaft" vermieden werden.

Abb. 1: Hauptbargeldstrategien in den Dörfern des Arrondissements Quellessebougou, Mali
Entwurf Thomas Krings 1992

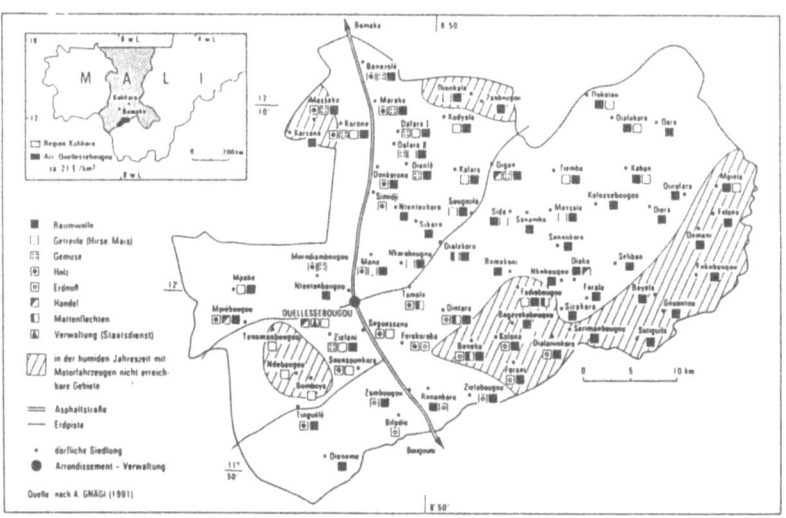

Abb. 2: Phasenmodell einer Nahrungskrise
Quelle: H.-G. Bohle/F. Krüger 1992

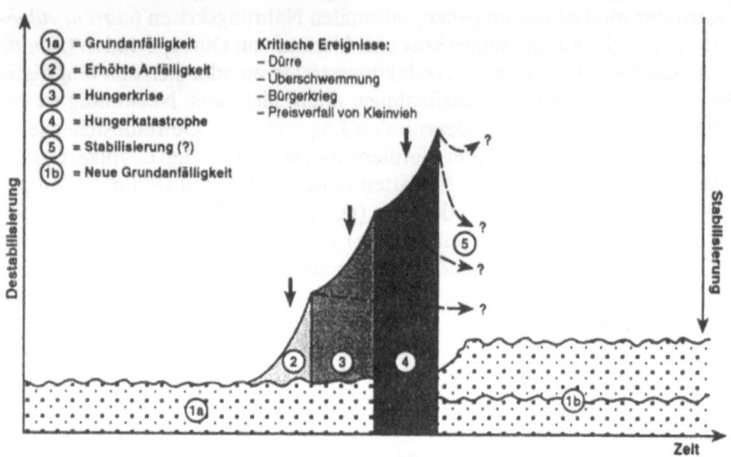

Abb. 3: Saisonale Strategien der Hungerbekämpfung im Zeitraum des Nahrungsmittelmangels (soudure) nach der miserablen Erntesaison 1990/91 im Dorf Gallo (Cercle de Nara), Mali
Entwurf: Thomas Krings, nach Angaben von Cekan 1992

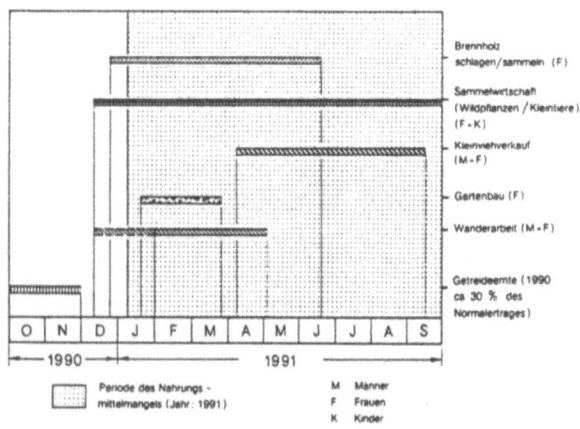

Literatur

Beets, W.C., 1992: Multiple cropping and tropical farming systems. Boulder (Col.).
Bohle, H.G., 1992: Hungersnöte, Unterernährung und Krisenmanagement in Südasien. In: Geographische Rundschau, 44, S. 98-104.
Bohle, H.G./F. Krüger, 1992: Perspektiven geographischer Nahrungskrisenforschung. In: Erde, 123, S. 257-266.
Cekan, J., 1992: Seasonal Coping strategies in Central Mali: Five villages during the "soudure". In: Disasters, 16, S. 66-73.
Downing, Th., 1990: Assessing socioeconomic vulnerability to famine: Frameworks, concepts and applications. Unveröffentlichtes Manuskript. Providence.
Gläser, B., 1992: Ein humanökologischer Ansatz für Agrar- und Entwicklungspolitik. In: Hein, W. (Hg.), Umweltorientierte Entwicklungspolitik. Hamburg, S. 63-73.
Gnägi, A., 1991: Prozese des sozialen Wandels und soziokulturelle Heterogenität im Arondissement Ouéllessébougou, Mali. Unveröffentlichtes Manuskript. Bern.
Hein, W., 1993: Theoretische Überlegungen zum Problem dauerhafter landwirtschaftlicher Entwicklung. In: Massarat, M. *et al.* (Hg.): Die Dritte Welt und wir. Freiburg i.B., S. 139-148.
Ibrahim, F.N., 1987: Combating famine by grain storage in Western Sudan. In: GeoJournal, 14, S. 29-35.
Kotschi, J./A. Waters-Bayer/R. Adelhelm/K. Hoesle, 1989 (Hg.): Ecofarming in agricultural development. G.T.Z., Weikersheim.
Krings, Th., 1991: Kulturbaumparke in den Agrarlandschaften Westafrikas - eine Form autochthoner Agroforstwirtschaft. In: Erde, 122, S. 117-129.
- 1991: Agrarwissen bäuerlicher Gruppen in Mali/Westafrika. Berlin.
- 1992: Die Bedeutung autochthonen Agrarwissens für die Ernährungssicherung in Ländern Tropisch-Afrikas. In: Geographische Rundschau, 44, S. 89-93.
Lachenmann, G., 1990: Ökologische Krise und sozialer Wandel in afrikanischen Ländern. Saarbrücken.
Mortimore, M., 1989: Adapting to drought: Farmers, famine and desertification in West Africa. Cambridge.
Richards, P., 1986: Coping with hunger. Hazard and experiment in an African rice-farming system. London.
Sanogo, B., 1989: Le rôle des cultures commerciales dans l'évolution de la société Sénoufo (Sud du Mali). Bordeaux.
Spittler, G., 1989: Dürren, Krieg und Hungerkrisen bei den Kel Ewey (1900-1985). Wiesbaden.
- 1994: Hungerkrisen im Sahel. Wie reagieren die Betroffenen? In : Geographische Rundschau, 46, S. 408-413.
Steiner, K.G., 1984: Intercropping in tropical smallholder agriculture with special reference to West Africa. Schriftenreihe der G.T.Z., Nr. 137, Wiesbaden.

Literatur

Beets, W.C., 1992: Multiple cropping and tropical farming systems. Boulder (Col.).
Bohle, H.G., 1992: Hungersnöte, Unterernährung und Krisenmanagement in Südasien. In: Geographische Rundschau, 44, S. 98-104.
Bohle, H.G./F. Krüger, 1992: Perspektiven geographischer Nahrungskrisenforschung. In: Erde, 123, S. 257-266.
Cekan, J., 1992: Seasonal Coping strategies in Central Mali: Five villages during the "soudure". In: Disasters, 16, S. 66-73.
Downing, Th., 1990: Assessing socioeconomic vulnerability to famine: Frameworks, concepts and applications. Unveröffentlichtes Manuskript. Providence.
Gläser, B., 1992: Ein humanökologischer Ansatz für Agrar- und Entwicklungspolitik. In: Hein, W. (Hg.), Umweltorientierte Entwicklungspolitik. Hamburg, S. 63-73.
Gnägi, A., 1991: Prozesse des sozialen Wandels und soziokulturelle Heterogenität im Arondissement Ouéllessébougou, Mali. Unveröffentlichtes Manuskript. Bern.
Hein, W., 1993: Theoretische Überlegungen zum Problem dauerhafter landwirtschaftlicher Entwicklung. In: Massarat, M. et al. (Hg.): Die Dritte Welt und wir. Freiburg i.B., S. 139-148.
Ibrahim, F.N., 1987: Combating famine by grain storage in Western Sudan. In: GeoJournal, 14, S. 29-35.
Kotschi, J./A. Waters-Bayer/R. Adelhelm/K. Hoesle, 1989 (Hg.): Ecofarming in agricultural development. G.T.Z., Weikersheim.
Krings, Th., 1991: Kulturbaumparke in den Agrarlandschaften Westafrikas - eine Form autochthoner Agroforstwirtschaft. In: Erde, 122, S. 117-129.
- 1991: Agrarwissen bäuerlicher Gruppen in Mali/Westafrika. Berlin.
- 1992: Die Bedeutung autochthonen Agrarwissens für die Ernährungssicherung in Ländern Tropisch-Afrikas. In: Geographische Rundschau, 44, S. 89-93.
Lachenmann, G., 1990: Ökologische Krise und sozialer Wandel in afrikanischen Ländern. Saarbrücken.
Mortimore, M., 1989: Adapting to drought: Farmers, famine and desertification in West Africa. Cambridge.
Richards, P., 1986: Coping with hunger. Hazard and experiment in an African rice-farming system. London.
Sanogo, B., 1989: Le rôle des cultures commerciales dans l'évolution de la société Sénoufo (Sud du Mali). Bordeaux.
Spittler, G., 1989: Dürren, Krieg und Hungerkrisen bei den Kel Ewey (1900-1985). Wiesbaden.
- 1994: Hungerkrisen im Sahel. Wie reagieren die Betroffenen? In : Geographische Rundschau, 46, S. 408-413.
Steiner, K.G., 1984: Intercropping in tropical smallholder agriculture with special reference to West Africa. Schriftenreihe der G.T.Z., Nr. 137, Wiesbaden.

Bei Fragen zur Produktsicherheit wenden Sie sich bitte an:
If you have any questions regarding product safety,
please contact:

Walter de Gruyter GmbH
Genthiner Straße 13
10785 Berlin
productsafety@degruyterbrill.com